NOUVEAU
TRAITÉ COMPLET

DES

Règles

ET

USAGES DU MONDE

PAR

G. DESRAT

PARIS

LE BAILLY, ÉDITEUR

O. BORNEMANN, SUCCESSEUR

15, RUE DE TOURNON, 15

1899

NOUVEAU TRAITÉ COMPLET

DES

RÈGLES

ET

USAGES DU MONDE

DU MÊME AUTEUR

DANSES AVEC THÉORIES MODERNES

ARTUS (A.). — **Quadrille américain**	. . . . . .	**1** fr. **70**
Le même à quatre mains	. . .	**2** fr. » »
— **Rondes enfantines**	. . . . . .	**2** fr. » »
DUMOUCHEL (F.). — **Mazourke (la), ou Cotillon-**		
Mazourke	. . . . . .	**1** fr. **50**
Les Lanciers	. . . . .	**1** fr. **50**
MARSAN (A.). — **Pas de quatre**	. . . .	**2** fr. » »
Berline	. . . .	**1** fr. **70**
SIGNORET. — **Boston's**, valse	. . . .	**2** fr. » »
— **Coquette**, polka	. . . . . .	**1** fr. **35**
— **Bourrée**	. . . .	**1** fr. **35**
— **Swedish (la)**	. . . .	**1** fr. » »

ANCIENNES

SIGNORET. — **Pavane** (d'après Thoinot Arbeau) 1583 .	**2** fr. » »
DESGRANGES. — **Menuet de la Cour**	. . . . . .	**1** fr. **70**
SIGNORET. — **Gavotte de Vestris**	. . . . . .	**1** fr. **35**
— **Le Régent**, quadrille accompagné de		
l'historique de chaque figure	. . . .	**1** fr. **70**

Théorie et Chorégraphie réglées

Par G. DESRAT

SAINT-AMAND, CHER. — IMPRIMERIE BUSSIÈRE FRÈRES

NOUVEAU
TRAITÉ COMPLET

DES

RÈGLES

ET

USAGES DU MONDE

PAR

G. DESRAT

DOYEN DES PROFESSEURS DE DANSE DE PARIS
MEMBRE DE L'ACADÉMIE INTERNATIONALE
DES PROFESSEURS ÉTRANGERS
AUTEUR DU DICTIONNAIRE DE LA DANSE

PARIS

LE BAILLY, ÉDITEUR

Q. BORNEMANN, SUCCESSEUR

15, rue de Tournon, 15

NOTE DE L'ÉDITEUR

Aucun manuel de ce genre n'avait été écrit jusqu'à ce jour par un professionnel, nous avons confié celui-ci à un maître dont la longue expérience et la réputation justifiée nous offraient toutes les garanties et autorisaient notre confiance. Ennemi de toute ingérance exotique dans nos mœurs et coutumes ; profondément dévoué à la protection et à la défense de l'éducation française dans tout ce qu'elle possède en noblesse, en élégance et en distinction, il nous donne un livre dont l'utilité et surtout l'actualité ne seront méconnues et attireront l'attention.

O. B.

INTRODUCTION

Plus que jamais un nouveau manuel de l'art de savoir se conduire, vivre, se tenir dans la société s'impose, car si nous nous laissons entraîner sur la pente fatale du cosmopolitisme, c'en est fait de nos belles et glorieuses coutumes françaises, de notre brillant goût français. La France d'autrefois était le pays le plus policé du monde ; nous devons rester encore fiers de cette conquête. Tout nous incite pour le moment et plus que jamais à rejeter au loin l'exotisme d'où qu'il vienne, d'outre-Mer ou d'outre-Manche.

Toutes mœurs, coutumes étrangères doivent nous être interdites, elles sont trop en contradiction avec la délicatesse des nôtres.

Il n'est que temps de secouer le joug sous lequel les temps nouveaux et les modes exotiques tendent à nous faire succomber. Ne reculons pas devant l'attaque et allons courageusement de l'avant.

Oh mode ! que tu es pernicieuse et dangereuse ! Quand, laissant là le goût français si gracieux et si pur, tu nous envahis de tes excentricités étrangères, de tes allures hétérogènes, de ces façons que Pierre Véron définit si bien sous le nom de *sanfilischme* ! serviteurs inconscients de ces temps dits *nouveaux*, comparez-les aux anciens ; la victoire, alors, nous était acquise, elle est, maintenant, contestée, et en voyant sa supériorité vous chercherez à la conserver.

Je n'écris point en ce moment pour ceux dont l'âge accuse la maturité, car mes conseils de bonne éducation sont connus d'eux, ils les ont suivis, je m'adresse aux jeunes adultes dont la faiblesse de caractère peut les laisser entraîner dans le courant dévastateur qui les menace, leurs pères ont su opposer une digue infranchissable à l'invasion étrangère, à eux de les imiter en dépit de ce ridicule *qu'en dira-t-on.*

Aucun détail ne sera négligé pour conduire mes lecteurs dans les quatre grandes phases de la vie sociale ; après les avoir initiés au code moral de la tenue, du bon ton, des usages de tout homme bien élevé, je leur tracerai les règles du code civil social au milieu des diverses situations qui les attendent et des devoirs qu'ils auront à remplir. Hommes et dames trouveront l'explication de ces devoirs dans les chapitres réservés spécialement à ce que j'appelais plus haut : les quatre grandes phases de la vie :

La naissance.
Le Baptême.
Le mariage.
L'enterrement.

Les bals, soirées, théâtres, réceptions, dîners et invitations feront également l'objet de notre étude, et en professionnel je réparerai les oublis constatés chez mes devanciers en pareil sujet.

La politesse, étant la mise en œuvre, en pratique de tous nos usages du monde, occupera la première place comme devant présider à notre commerce entre tous, c'est-à-dire :

Dans les rapports des :

Parents et des enfants.
Cavaliers et des dames.
Maîtres et des domestiques.
Chefs et des employés.
Amis et des ennemis.

DE LA POLITESSE

La politesse est à l'esprit
Ce que la grâce est au visage.

J'ignore où M. de Changard a puisé ces deux vers,
mais je n'ignore point jusqu'à quel point ils sont
vrais et demandent à être médités de nos jours. L'esprit, *notre* mode, les habitudes se sont modifiées sous
la forme, mais elles ne se modifieront jamais sous le
fonds, car elles sont faites de conventions réciproques,
lesquelles resteront, toujours et quand même, em-
preintes de l'urbanité et de l'estime français échangés
entre gens bien élevés. Je ne sais où j'ai lu que la
politesse était la chaîne de fleurs qui reliait le monde,
en tout cas cette chaîne ne doit pas être rompue par
les fluctuations incessantes de fortune, de position

qu'ont amenées ces funestes *temps nouveaux*. Combien de parvenus confondent de nos jours la politesse avec ce qui ne reste que de la civilité ! Avec toute son autorité incontestable la comtesse de Bassanville tranche très heureusement cette différence. La civilité, dit-elle, n'est qu'un vernis qui recouvre souvent une fort laide étoffe, tandis que la politesse est, au contraire, une qualité propre à faire valoir les autres.

La politesse est simple, aisée, facile, noble et franche ; la civilité est raide, compassée et toujours prétentieuse. Une personne polie nous met à notre aise, tandis que si elle est civile, elle nous gêne, nous embarrasse et nous fatigue. Toute personne dont le visage trahit la franchise est généralement polie et une personne fausse sera toujours civile. Enfin un maître est poli avec ses domestiques, lesquels sont civils avec lui.

Je ne saurais mieux définir l'une et l'autre en concluant que la politesse est l'expression ou l'imitation des vertus sociales.

Evidemment c'est dans la famille qu'il nous faut chercher les premiers germes de ce sentiment de politesse innée inspiré par le cœur. Qu'importent plus tard les heurts, les contacts forcément amenés par les diversités de situation ou de fortune, éventualités qui nous attendent un jour ou l'autre ? Le charme de la vie sera d'autant plus grand que, restant plus polis entre nous, nous pourrons continuer à savourer

les délices de cette atmosphère pleine des bons sentiments dans laquelle nous vécûmes nos premiers ans.
Soyons encore plus fervents des lois de la politesse et
les relations n'en seront que plus faciles et plus agréa-
bles.

La politesse s'adresse à toutes les classes de la société, nous en causerons plus loin, et doit se manifester dans nos rapports journaliers.

*Politesse des enfants, garçons et demoiselles à l'égard des
parents et des grands parents.*

Parlons en premier lieu de la politesse due par les
enfants à leurs parents ou grands parents : soumis-
sion, respect, politesse, dévouement, tels sont leurs
devoirs naturels. Quel que soit votre âge, ne cessez
jamais de donner des preuves constantes de cette
bonne éducation complétées par celles de votre obéissance passive.

Quant aux rapports des enfants avec les grands
parents, ils seront toujours empreints de sentiments
plus profonds et d'une plus grande encore reconnaissance filiale.

Vis à vis de leurs mères les enfants ont des devoirs plus impérieux à remplir que les précédents ; le cœur les leur indique, il a ses exigences. Songez, enfants ! à celles qui ont tant souffert pour vous, à celles qui durant de longs mois furent le berceau où vous vîtes le jour et furent après vos anges gardiens.

Ne cessez jamais, au lever, de couvrir leurs lèvres d'un baiser et le soir, au coucher, de renouveler votre caresse matinale si douce pour une mère. Pour vos grands parents, doublez vos baisers avec les plus vives émotions de votre cœur.

Devoirs des parents envers les enfants.

Ne croyez-vous pas parents, comme moi, que trop d'heures sont consacrées aux Lycées et pas assez à la bonne vie familiale ? Ne croyez-vous pas que l'enfant respirant cet air du foyer maternel impreigné de toutes les saines odeurs du cœur, rempli des parfums du doux contact d'une mère avec sa fille, de cet air qui vivifie chez les jeunes garçons la cordiale amitié du père et du fils, ne sera pas préférable à l'internat ?

Maîtres d'études et professeurs ne peuvent vous remplacer ; ils instruisent l'esprit, et vous, vous développez le cœur.

Sans nul doute l'esprit a besoin du Lycée, mais le cœur a besoin, lui, d'exprimer ses sensations, ses sentiments ; où peut-il mieux les apprendre que dans sa famille ? assez tôt, trop tôt même souvent, ces enfants seront abandonnés aux dangers de la vie. Parents, conservez-les au foyer le plus possible ; mères, transmettez-leur les douceurs de l'éducation *in domo sua* qui vous ont rendues si bonnes mères. A leurs professeurs d'enrichir leur esprit, à vous, parents, d'orner leurs sentiments en cultivant et faisant fructifier leurs bons petits cœurs.

Vis à vis de leurs professeurs les enfants doivent unir le respect à la juste reconnaissance qu'ils doivent à des maîtres toujours dévoués, toujours pleins de bienveillance. Aimez vos professeurs comme ils vous aiment eux-mêmes ; respectez-les révérentieusement et presqu'amicalement. Jadis nous regardions nos professeurs comme les pères de notre esprit, et nous écoutions leurs leçons et leurs conseils avec une déférence disparue malheureusement.

Mon expérience me dicterait encore bien des observations et bien des conseils ; m'adressant directement aux parents, pour l'instant, je ne saurais trop leur recommander de bien se pénétrer de cette idée noble et généreuse tout à la fois, qui doit faire du père le confident de son fils et de la mère la confidente intime de sa fille. Toutefois ces rapports ne doivent jamais exclure l'autorité paternelle ou maternelle, laquelle doit, au contraire, se manifester d'autant plus clairement, qu'elle repose sur l'obéissance passive des enfants à leurs parents. De nombreux exemples d'enfants, filles ou garçons, dont les parents se sont montrés trop camarades en abdiquant leurs devoirs, frappent à chaque instant mes yeux. Rappelez-vous, chers parents, que le monde, la société attend des vieux, des jeunes filles et des jeunes gens capables de soutenir leur rang, leur position future. Par des compliments, par des applaudissements recueillis en matières musicales ou dansantes, ces jeunes prodiges ne seront jamais d'un bon augure. Méfiez-vous de donner à vos enfants une trop grande précocité de la vie, surtout à un âge auquel il leur est impossible de compter avec les exigences de l'avenir qui les attend. Soyez toujours bons, justes et sévères, d'une sévérité toute paternelle et toute bienfaisante.

Maîtres et domestiques.

Quant aux rapports des maîtres avec les domestiques, ou réciproquement, rappelons avant tout ce que nous entendons dire journellement : *les bons maîtres font les bons domestiques ; les bons domestiques font les bons maîtres.*

Le maître ne sera jamais impoli, dur ou grossier et moins encore méprisant ; bien qu'il soit domestique, votre serviteur n'en est pas moins un homme, et ce serait acte de lâcheté que de le traiter autrement. En conservant avec un serviteur les distances naturellement établies entre les deux situations, le maître doit toujours user de bienveillance presque paternelle ; plus ses ordres sont donnés avec une sorte de dignité polie, plus ils sont exécutés rigoureusement et scrupuleusement.

Il est bien rare qu'un maître par sa bonté et sa bienveillance vis-à-vis d'un serviteur sérieux, n'en fasse dans sa vieillesse presqu'un ami de ses vieux jours.

Il est assez difficile de spécialiser dans ce chapitre de la politesse tous les conseils à donner, à suivre ; de plus amples se rencontreront dans la suite et se déduiront d'eux-mêmes.

Tout ce que je pourrais ajouter se résume dans l'antique maxime :

Aimons-nous les uns les autres.

Soyons donc toujours entre nous polis et bien élevés.

DE LA TENUE DANS LE MONDE

A lui seul ce mot renferme tant de choses que je ne sais vraiment par laquelle commencer et pourtant, pour tout Français *tenue* signifie simplement distinction élégante et simple. Aussi bien chez l'un et l'autre sexe le goût et les preuves d'une parfaite éducation répondent à toutes les lois du bon ton et du savoir-vivre, et de l'art de se conduire dans la société. Toujours le même cliché revenant sous ma plume condamnant dans la tenue tout exotisme et avec satisfaction je puis voir que tous partagent mon avis, même avec des craintes plus grandes que les miennes. Après avoir pris possession de nos salons, les envahisseurs Anglais et Américains, ne veulent-ils pas aller plus loin encore. Méfions-nous car, en écrivant ce chapitre, je lis avec une anxiété douloureuse dans un journal cet entrefilet fâcheusement

trop justifié. « Un jour prochain peut-être, arrivera
« où les grands châteaux de France seront propriétés
« anglaises ou américaines, et l'on n'y peut rien
« sinon s'attrister. »

C'est donc le moment de résister quand même, et,
dussent nos vieux Manoirs et Châteaux passer en des
mains étrangères, si nous sommes conviés à des fêtes,
si nous assistons à des bals donnés par les nouveaux
possesseurs, rappelons-nous toujours que nous
sommes dans des temples dépositaires de notre belle
éducation française. Il ne faut pas, à la ville ou au
salon, nous laisser confondre avec les grotesques
clubmen étrangers ; Français nous sommes, prou-
vons-le par notre tenue. Les nombreux envieux des
qualités de nos fines et délicates manières prouvent
assez notre supériorité pour que tous nos efforts
tendent à la maintenir intacte.

Gardons-nous bien de la sacrifier ; un moment
d'oubli a pu chez nos jeunes gens introduire dans
leur tenue de néfastes allures anti-françaises, exemptes
de courtoisie, de politesse, même souvent de respect
pour son prochain. Un instant d'égarement est à la
veille de faire perdre à nos gracieuses dames françaises les éclatantes victoires qu'elles ont jadis rem-
portées sur leur voisines des Iles Britanniques et
autres.

« Nos élégantes jeunes filles, celles qui ont le don
« de charmer et d'attirer les hommages, celles qui

« laissent tomber sur leur passage les aumônes de
« leur beauté que tout le monde recherche, resteront
« fidèles à leur poste. »

C'est ainsi que vous parlait, mesdames, la comtesse de Tremar ; suivez ses conseils et non pas ceux
de vos jalouses ennemies d'outre-mer. Souvenez-
vous que vous êtes l'ornement de nos salons, que la
souplesse élégante de votre démarche ne cesse d'ex-
citer l'envie de vos rivales, qui, ne pouvant lutter
avec vous, cherchent à vous enrégimenter dans leurs
ridicules bataillons.

C'est au maintien gracieux qu'on attache tant de prix.

J. B. DESPREAUX

Souvenez-vous, charmantes françaises, que si la co-
quetterie vous est permise, nulle de vous n'en a
besoin pour faire valoir ses charmes naturels ; toutes
les richesses acquises par la véritable éducation française vous suffisent.

Il faut insister spécialement chez les demoiselles sur
l'importante différence entre l'éducation et l'instruction.

Une solide instruction.

La plus grande éducation dans ses multiples détails.

Tels sont les premiers besoins dans toutes les relations. La jeune fille trop savante peut amener pour
elle la triste faillite de l'art de plaire, tandis que la
dame enrichie des trésors d'une parfaite éducation se
voit toujours recherchée et adulée.

Il y aurait peut-être à ce sujet quelques exemples à
rechercher en dehors de nos frontières, mais sans tra-
verser la mer.

Dans l'Est, l'éducation féminine est le but le plus
important dans la famille; la vie intérieure n'est
jamais sacrifiée à la vie extérieure et l'instruction de
l'esprit s'unit toujours à l'éducation morale et familiale.

Rentrons chez nous, en notre beau pays de France,
et terminons pour les demoiselles par ces mots de
M. de Girardin : L'instruction pour les demoiselles et
les dames est le *luxe*, mais l'éducation est le *nécessaire*,
c'est-à-dire l'art de plaire, de séduire, par la gen-
tillesse et la grâce ; qu'elles fassent des vers si elles le
savent, mais qu'elles sachent rire, causer avec bon-
homie sans sortir leur rabat.

Un seul mot à ajouter en songeant à l'envahissant
féminisme du moment. Médecin, cela se comprend
et s'explique, mais, avocat, voire même ingénieur,
architecte, magistrat, comme se prépare la chose en
Amérique ! où iront alors les maris ? dans les mines
ou sur les échelles ? évidemment non, puisque les
femmes occuperont ces mines et ces échelles, à moins

que ce ne soit pour sauver jupes ou manteaux accrochés à quelques matériaux restés en épaves. Et le foyer qu'en ferons-nous ? Le confier aux pères seuls semblera toujours difficile et périlleux. Encore de nouvelles mœurs dont-il faut interdire l'entrée dans notre société. Bien que les résultats ne semblent pas répondre à tous les désirs, postes, télégraphes, chemins de fer, administration, maison de banque et de commerce doivent suffire aux jeunes filles sans qu'elles recherchent des situations en désaccord avec leur essence naturelle.

Tôt ou tard elles s'exposeront à être piétinées par les hommes ; elles auront perdu le beau rôle d'être femme que la nature leur a donné, et celui plus noble encore que la société réclame d'elles, d'être les mères vigilantes de leurs enfants.

De la tenue chez les cavaliers.

Quant à la tenue chez les cavaliers, la correction impeccable consiste surtout en des manières aisées, distinguées et naturelles. La simplicité dans son costume indique son goût et, par suite, bannit toute idée d'extravagance. Généralement les vêtements de couleurs foncées sont préférables chez les gens d'un certain âge ; les claires sont réservées aux jeunes et aux adultes.

Le costume noir doit être porté dans toute cérémonie, la redingote dans la journée et l'habit réservé à la soirée ; de même pour la cravate blanche adoptée seulement pour les diners et bals ; elle peut être pendant la journée de couleurs autres que le noir, mais jamais trop éclatantes.

La question des gants mérite quelques conseils depuis que certains cavaliers, (et, ils sont presque légion), se contentent, tant au bal que dehors, de les tenir par la main au lieu de la recouvrir. Morigénons durement ceux qui en soirée les passent entre les plis de leur claque ; ils ignorent que, si mode il y a, inconvenance en résulte. Les mains d'un homme de bon ton sont toujours gantées ; des gants de couleurs foncées, dans la journée et de couleur claire le soir.

Quant aux vêtements, costumes, chapeaux on ose à peine les regarder tant ils reflètent l'image du débraillé, du sans-gêne cosmopolite. N'avons-nous donc pas assez de bons faiseurs français chez nous ? N'avons-nous pas par nos intelligents et adroits Dutilloy pour nous habiller avec l'élégante distinction française. Si nous ne faisons pas bonne garde, un jour viendra où sur nos boulevards et nos avenues, tailleurs, couturiers, coiffeurs, etc. exotiques chasseront de leurs magasins nos meilleurs fournisseurs. Le spectacle des produits étrangers n'est pourtant pas flatteur ni engageant à suivre, et pourtant il trouve des admirateurs ; dans cette lamentable mise en scène tout contribue à la ridiculiser, je ne dirai pas seulement près des hommes de bon goût, mais j'ajouterai près des gens sérieux.

Oui tout, depuis les affreux et difformes chapeaux jusqu'aux vêtements multicolores et incolores, sortes de copies des costumes de Don César de Bazan. Croyez-moi, messieurs, les dames préfèrent à vos houppelandes, à vos couvre-chefs éventrés, frêles, crevassés, les beaux habits et chapeaux de Don Juan. Je détourne les yeux de vos souliers jaunes et de vos pantalons retroussés sans rime ni raison ; portez donc la culotte courte si vous trouvez vos pantalons trop longs. Vous me répondrez encore : la mode ! Je vous répondrai toujours : Français vous êtes, c'est-à-dire des hommes de bon ton et distingués; vous devez rester tels. Puisque vous me reparlez encore de mode, je condamnerai celle d'avoir constamment les mains dans les poches ; consultez les dames auxquelles vous parlez en cette déplorable tenue, et elles n'oseront même pas vous dire ce qu'elles pensent. En bon conseil je vous le dis franchement : elles vous trouvent impolis et inconvenants. A vous de leur prouver qu'elles ne vous verront jamais tels.

Le costume des dames s'est aussi transformé et nous cherchons en vain maintenant l'ancienne dame

du monde dans sa belle acception. Rien ne peut nous
la rappeler à la ville et à peine dans les salons ; bals
officiels de l'Elysée, bals municipaux de l'Hôtel de
Ville ne nous rappellent aucun de nos anciens sou-
venirs. Il est vrai que les couturiers français, sorte
d'importation anglaise, sont de mode ; aussi a-t-on
tant de peine à reconnaître les dames françaises parmi
les exotiques. La critique populaire et mondaine a
trop souvent attaqué les costumes de dames actuels
pour que je n'insiste pas plus longuement sur ce lamentable chapitre.

Conclusion pour la tenue chez les dames et les demoiselles :

Simplicité contre extravagance.

Elégance contre affectation.

Distinction contre nonchalance.

Telle est la véritable note du goût français opposée
à celle de nos voisins. Laissons-leur le sans-gêne, le
sans-façon, le menfitischme, accompagnés des mains
dans les poches. *English fashion,* mais en tout cas
incorrect fashion.

Du salut des hommes.

Nul ne peut ignorer l'importance du salut pour
nous tous ; sous une autre idée, Buffon nous rappelle

en disant : *le style est l'homme*, ce que nous constatons en voyant saluer un homme. *Le salut est l'homme*, pouvons-nous affirmer. Naturellement il revêt plusieurs formes suivant les emplois auxquels nous le réservons. Ici, encore, avant d'en donner l'explication théorique, je ne puis m'empêcher de supplier les cavaliers de se départir des usages d'outre-mer. Le salut français est respectueux. Que peuvent, en effet, exprimer des contorsions de cou, des gestes de mains nerveux, des inclinations de corps incohérentes ? Peuvent-elles avoir quelque rapport que ce soit avec une idée géniale de respect, de sympathie traduite par notre salut suivant la véritable coutume française ?

Incliner lentement et un peu la tête devant la personne ; lentement aussi à se relever et, en reculant légèrement le pied gauche, rester quelques instants immobile. Reculer par quelques pas et s'éloigner sans tourner le dos. Tout homme de bon goût comprendra que j'entends par cette théorie, saluer avec respect et plaisir, puis s'éloigner avec regret et révérentieusement. Il est indispensable de rester un instant devant la personne car elle peut échanger avec vous quelques paroles de politesse ou de circonstance.

L'étranger nous a amené le salut avec poignée de main ; ce n'est malheureusement plus l'antique *baise-main* de nos aïeux, mais le brutal *shake-hands* avec ses grossières allures. Corrigeons-le et, si la dame vous offre sa main, doucement de votre main droite soutenez-la et inclinez un peu plus la tête. Surtout gardons-nous bien de tendre la main le premier à moins que l'on ne soit en grande intimité ou entre parents très rapprochés.

Chez les enfants, les gens du meilleur monde conservent le baise-main traditionnel envers les parents. L'enfant appose ses lèvres sur les mains de sa mère, mains qu'il élève plus ou moins haut selon sa taille. Quelques enfants se croient en droit d'agir de même avec des étrangers ; passe encore s'ils saluent des dames, mais ils doivent s'abstenir avec des étrangers ou des demoiselles.

Quand le cavalier prévoit cette poignée de main offerte par la dame, il doit se rapprocher plus près d'elle que dans le salut ordinaire ; il doit éviter à la personne qu'il salue le moindre déplacement de son siège ; il doit aussi laisser tomber sa main dès qu'elle a touché celle de la dame.

Des différents emplois du salut.

Dans toutes nos relations sociales et quelles que soient les distances qui nous séparent, il nous faut traiter notre prochain comme nous voulons être traités nous-mêmes, avec politesse et bienséance; l'une et l'autre doivent être réciproques. Si nous devons saluer un supérieur, nous devons également saluer un inférieur. Nous lui prouvons que le salut est réellement la pierre de touche de l'homme bien élevé; nous devons alors faire ce salut sans la moindre fierté, tout au contraire en témoignant une sorte d'obligeance. Il est d'usage dans la rue, à la promenade de saluer légèrement et, sans les regarder, les personnes accompagnant celles que vous avez saluées. En saluant une dame, la tête restera découverte et le chapeau ne la recouvrira que sur les instances de cette dame. Le salut à toute dame demande une petite inclinaison de la tête pendant que la main droite soulève le chapeau et que le bras s'étend un peu de côté avant de retomber le long du corps. A moins qu'une dame rencontrée par vous ne vous y invite par son regard, ne prenez jamais l'initiative du salut et ne saluez jamais le premier. Si elle est accompagnée d'autres personnes qui vous soient inconnues, passez votre chemin.

Aux mots bals, dîners, etc., je compléterai mes conseils aux cavaliers; qu'ils observent toujours ceux donnés jusqu'ici et ils seront à l'abri des mordantes vérités que leur lance la baronne Staffe quand elle leur dit:

« Le salut des hommes du monde nous paraît d'un

« ridicule achevé ; il y a quelques années, les bras
« au-devant des genoux, ils pliaient le corps en deux
« d'un mouvement raide et automatique. Aujour-
« d'hui, ils se bornent à ployer le col simplement...
« en casse-cou ! C'est le salut de présentation, de cé-
« rémonie. Après quelques jours de relations ; ils se
« bornent à saluer les femmes d'un sourire ou des
« yeux. Je n'oserai pas dire que leur premier salut
« est bête, mais je proteste contre l'impertinente fa-
« miliarité des saluts ultérieurs.

Des Révérences de Dames et Demoiselles.

De tout temps les révérences ont été la base fonda-
mentale de l'éducation ; de tout temps les jolies
femmes en ont usé, quelquefois même abusé, et ce
n'est pas sans raison qu'on regrette maintenant leur
trop fréquent abandon. Au temps où les jeunes
filles les apprenaient dès leur enfance, elles n'en
étaient que plus gentilles, mieux préparées à leur
entrée dans la société. Une ancienne surintendante
de la maison d'Ecouen, succursale de la maison
de Saint-Denys, Mme la comtesse de Bassanville,
nous rappelle qu'il était établi dans le règle-

ment que toute élève devait apprendre à faire la révérence en entrant et en sortant de la classe ; en entrant et en sortant du parloir lors de la visite des parents. Rares sont actuellement les maisons où sont conservées ces utiles leçons. Nestor Roqueplan, le spirituel critique, a accusé les dames de laisser mourir la politesse en France au lieu de lui sauver la vie : Les femmes sont injustes d'accuser les hommes et coupables d'avoir altéré les anciennes traditions de la politesse française. Il ajoute : elles les ont encouragés. D'autres vont encore plus loin et prétendent que beaucoup de femmes ne daignent plus répondre, la plupart du temps, au courtois salut des hommes. Qu'elles s'abordent entre elles par un petit coup sec de la tête aussi peu aimable qu'absurde, ce ne peut relever que du genre anglais, quittons-le bien vite.

Ne soyez, Mesdames, jamais les fières roturières qui croient trouver dans leur coffre-fort garni de valeurs cotées en bourse, des valeurs, des trésors plus précieux, que ceux que vous donne une bonne éducation. Ces trésors unis à ceux de votre étincelant esprit peuvent rayonner autour de nos frontières ; l'éclat et la pureté de leurs diamants peuvent soutenir victorieusement les regards d'où qu'ils viennent. Les valeurs cotées peuvent se perdre dans quelque cataclysme, les autres vous resteront impérissables et vous permettront de les laisser à vos enfants pour le grand bien de leur avenir.

Restez les délicates parisiennes que vous êtes et
pour cela n'abandonnez pas vos belles manières de saluer. Vos gracieuses révérences ramèneront à vous les
jeunes gens qui dans les bals semblent vous fuir au
premier accord des valses. Vos adorables sourires les
retiendront près de vous et ils n'attendront que votre
premier signal pour vous adresser leur invitation.
Pour ce faire, reléguez outre-mer, outre-Manche, les
façons rien moins que distinguées du traître cosmopolitisme. Présentez, si vous êtes jeune fille, un buste
droit, un visage noblement porté.

« Sur deux nobles épaules parfaitement effacées ».

Fléchissez les genoux avec un mouvement de re-
cul du pied gauche rappelant l'ancienne révérence avec
robe à queue. Si vous êtes dames, ployez gracieuse-
ment le cou et un peu le corps et ne redoutez point
les adorables, mais faibles, ondulations d'un corps
souple.

Les nuances des révérences pour les jeunes filles et
les jeunes dames sont traduites par des génuflexions
plus ou moins accentuées; tout dépend de la personne à laquelle est adressée cette révérence.

Je m'adresse maintenant aux maîtresses de maisons qui devraient interdire dans leurs salons l'accès
à toutes coutumes autres que celles essentiellement
françaises ; en les tolérant, elles semblent les autori-
ser. Comme professionnel, il m'est permis de compa-
rer l'invasion des coutumes étrangères à celle de

l'affreux quadrille américain qui a détrôné notre gracieuse contredanse française. Puisque depuis quelques années on a relégué l'un dans le monde dont il n'aurait jamais dû sortir, pourquoi ne pas agir de même avec nos usages et nos coutumes.

Faites, Mesdames, en éducation et dans vos révérences, ce que nous avons fait en danse, faites-le impitoyablement : A vous d'agir de même contre tout ce qui peut nuire à votre élégance, à votre distinction. Laissez à d'autres la démarche raide, compassée, inintelligente malgré son altière allure ; à vous d'être les modèles charmants et enviés au lieu de chercher à copier les bigarrures incohérentes. Vous qui êtes les reines de la mode européenne, imposez vos lois ; pratiquez-les les premières et vous ne rencontrerez partout que des respecteux et fidèles sujets. Pour porter fièrement, pour soutenir haute et ferme l'étincelante couronne qui toujours vous a ornées, hors frontière tout exotisme !

Les fleurs étrangères, quelque *dollarisées* qu'elles soient, sont pour nous des fleurs étiolées et privées de sève ; les vôtres faites de grâce, de distinction, d'élégance naturelle et transmises de générations en générations, sont trop profondément enracinées pour qu'un mauvais souffle momentané puisse les détruire.

Ce n'est pas seulement dans vos révérences mais aussi dans vos toilettes, vos costumes, vos usages journaliers que vous devez rester nos jolies Françaises, faites de francisisme, comme le dirait notre fin chroniqueur du *Monde illustré*, Pierre Viron, soyez-les partout et toujours, dans les salons, à la ville et sachez défendre cette majestueuse couronne dont je me plaisais à orner vos têtes dans les lignes précédentes.

De la révérence avec poignée de main.

Au lieu d'avoir conservé l'ancienne révérence avec le respectueux baise-main, les dames ont cru devoir sacrifier la courtoise coutume de nos pères à l'affreux Shake-hand anglais. Affreuse mode, aussi affreuse qu'était délicate et gracieuse celle tant regrettée aujourd'hui. Quelle comparaison peut-on établir entre le respect intime de la poignée de main et l'irrévérentieux *Shake-hand*. Ouvrez votre dictionnaire anglais et vous trouverez l'explication du mot Shake : *ébranler, secouer, vaciller, trembler*. Prend-on donc la main d'une dame pour l'ébranler ou la secouer ? Que diriez-vous si l'on mettait sous vos yeux ce qu'a dit un écrivain mordant et spirituel à la façon de Catulle Mendès : « la façon de se toucher la main est le « baromètre du cœur. » Quelle amère et sincère critique pour le shake-hand de récente importation.

N'est-il pas préférable de soutenir simplement et amicalement la main qui vous est offerte sans trahir la moindre nervosité.

Dans aucun cas, autre que ceux de la parenté, d'une très intime familiarité, les jeunes filles n'offrent la main, et de même pour les jeunes gens.

Dans toutes les révérences faites en donnant la main, il est évident que la personne saluant doit se rapprocher un peu plus de celle à laquelle s'adresse sa révérence.

C'est le moment de rappeler à la dame qu'elle doit, dans sa révérence et en pliant les genoux, reculer le pied gauche et non le droit, car le pied droit glissé en arrière exposerait la main droite à attirer à soi la main de la dame, ce qui serait anormal. En glissant le pied gauche en arrière, les deux mains droites des dames peuvent plus facilement rester unies sans déplacement du haut du corps.

DES DEVOIRS ET USAGES

DANS TOUTES LES CÉRÉMONIES

Naissances.
Baptêmes.
Contrats.
Fiançailles.
Mariages.
Enterrements.
Bals, concerts, réceptions, visites, réceptions, théâtres,
dîners.

Telles sont les graves circonstances qui nous attendent dans la vie et dont on ne peut se dispenser de connaître les lois de l'étiquette et de les mettre en pratique ; elles forment le Code social obligatoire dont nous définirons les articles le plus pratiquement possible.

3

Naissance.

Devoirs des parents, du parrain, de la marraine.

Le Baptême.

A la naissance d'un enfant, les formalités sont civiles et religieuses et remplies comme suit :

Formalités civiles.

Les parents font la déclaration du nouveau-né dans les trois jours qui suivent sa naissance, à la mairie du lieu où la mère est accouchée ; si la naissance a lieu à Paris, la déclaration est faite à la mairie de l'arrondissement habité par les parents. Dans le cas où le père ne pourrait faire lui-même cette déclaration, il sera remplacé par le médecin, la sage-femme ou une

autre personne ayant assisté à l'accouchement. Deux
témoins patentés l'assisteront et lui serviront de témoins et certifieront les nom et prénoms donnés à
l'enfant, lesquels seront inscrits sur le registre de la
mairie par l'officier de l'état civil. Les témoins ap-
poseront leur signature au-dessous de celle du père.

Si l'enfant était mort-né, la déclaration est faite
quand même et certifiée par un médecin ; il est préférable dans ce cas d'avoir recours au médecin de
l'état civil de la mairie de son arrondissement. Si la
mère met au monde deux jumeaux, le premier venu
sera considéré comme l'aîné.

La même déclaration doit être faite pour un enfant naturel, mais le père ne peut être reconnu
comme tel sans donner son consentement formel ; les
témoins sont également indispensables.

Le manque ou l'oubli de déclaration dans le délai
légal expose les parents à une amende et même à une
peine correctionnelle quelquefois.

Sur demande, moyennant un droit fixe à payer,
un extrait de cette déclaration est tiré du registre de
la mairie, laquelle peut le faire enregistrer au tri-
bunal, s'il le faut.

Cérémonie religieuse.

Le baptême constitue la cérémonie religieuse sous la présidence du parrain et de la marraine. La veille de cette cérémonie, le père de l'enfant se rend à l'église pour faire enregistrer les nom et prénoms tels qu'ils les a donnés à la mairie ; il indique également les noms du parrain et de la marraine. A l'entrée de l'église, la personne portant l'enfant précède les parrain et marraine, parents et suivants. A l'arrivée du curé de la paroisse, le parrain se place à droite des fonts baptismaux et la marraine à la gauche. Parents et amis les encadrent, tout le monde restant debout. Le parrain et la marraine répondent aux questions posées par le prêtre et récitent les prières en même temps que lui. Ils étendent alors les mains au-dessus de la tête de l'enfant en tenant dans leur main droite un cierge allumé qu'ils rendent au sacristain dès que le prêtre a ondoyé l'enfant. Quelquefois, dès que le prêtre officiant a terminé ses prières et se retire, parents et amis se rendent à la sacristie pour féliciter le père. Aucune règle n'est formellement établie à ce sujet ; c'est aux assistants de suivre l'initiative indiquée à l'issue de la cérémonie.

Du choix du parrain et de la marraine.

La grand'mère maternelle et le grand-père paternel sont généralement les parrain et marraine du premier-né. Souvent on laisse à la marraine le choix de son compère, le parrain. A défaut de grands-parents, on doit chercher parmi ses relations des personnes d'égales situations et depuis longtemps connues de la famille.

Ce serait peut-être ici le moment de rappeler aux parrains et marraines le rôle de tuteurs auquel ils s'engagent vis-à-vis du nouveau-né, car trop souvent on les voit s'en affranchir. Ils doivent aider les parents dans la surveillance, la protection et même l'éducation de l'enfant. Leur tâche augmente si un des deux parents vient à mourir; elle devient plus importante encore si l'enfant devient orphelin car ils remplacent leurs père et mère.

La question des cadeaux est évidemment subordonnée à la position réciproque des familles : Les plus indispensables sont un bijou offert à la mère de l'enfant par le parrain et la marraine. Le bonnet de baptême et la pelisse sont offerts par la marraine.

Une timbale et un couvert en argent et marqués aux initiales de l'enfant lui sont offerts par le parrain.

Des boîtes de bonbons distribuées aux invités du baptême et aux amis sont de règle et de mode ; elles doivent porter la date et l'année de la célébration du baptême. La veille de la cérémonie, le parrain doit envoyer à sa commère des boîtes et des sacs de bonbons accompagnés d'un bouquet de main. Il en envoie aussi à la mère de son filleul afin qu'elle puisse en faire honneur à ses amies personnelles.

Il est de bon goût d'adresser, quelques jours après la naissance de l'enfant, une lettre de faire part à tous les amis de la famille, et le père est chargé de ce soin. Le libellé de ce faire part est généralement ainsi conçu :

M. et Mme ont l'honneur de vous faire part de la naissance de leur fils..... ou de leur fille..... Domicile et date du jour de la naissance.

Dès que la santé de la mère peut le permettre, un grand repas et une fête intime réunissent parrain, marraine, famille et amis. Les parents occupent les places d'honneur et sont placés à table vis-à-vis l'un de l'autre. Ils sont, de la part des convives, l'objet des plus sympathiques prévenances et des plus grandes attentions.

Du mariage.

Devoirs civils.
Cérémonies religieuses.
Présentation.
Contrat.

Le mariage est l'acte le plus important de notre vie, autant pour le mari et la femme que pour les enfants appelés à naître. C'est à la fois un acte social, domestique et religieux. L'autorité civile garantit ses intérêts et l'autorité religieuse, en consacrant devant l'autel l'union des deux époux sous la plus haute moralité divine, assure pour jamais les liens du mariage.

La loi exige que l'homme avant dix-huit ans révolus, la femme avant quinze ans, ne puissent con-

tracter le mariage. Pour une fois il faut féliciter nos
législateurs.

La demande en mariage.

La demande est, d'un côté comme de l'autre, la
plus rarement faite par les parents et on a recours à
une tierce personne choisie parmi ses connaissances
ou ses amis. Exception toutefois a lieu s'il s'agit d'une
union contractée dans la même famille, ou quand on
se trouve en des rapports directs de relations, d'amitié, en un mot si l'on vit entre vieux amis.

Si de part et d'autre les présentations aboutissent,
toutes précautions sont prises pour connaître la position de fortune des intéressés, la situation morale des
parents, et surtout les antécédents des futurs.

Le jeune homme doit alors faire plusieurs visites
auxquelles assiste la jeune fille au milieu de ses parents et dans une toilette très simple et très soignée à
la fois. Il est de bon goût dans les visites de ne faire
aucune allusion au grand acte qui se prépare. La demande est faite officiellement ensuite par les parents
du jeune homme s'ils sont vivants, ou par le père
seul s'il est veuf ; si elle est adressée par la mère seule

du futur elle se fait accompagner d'un de ses parents ou par un intime.

Dès que l'acceptation est définitive, la jeune fille est présentée à sa nouvelle famille et, à partir de ce jour, le jeune prétendant est admis dans l'intimité de la maison de sa fiancée. La prudence et les convenances demandent que le mariage reste secret jusqu'à la signature du contrat, d'où date pour ainsi dire la conclusion du mariage.

Le temps des fiançailles ne peut être fixé, car il dépend de maintes et maintes circonstances souvent impossibles à prévoir et à définir. Le fiancé attend en prodiguant ses visites, ses bouquets et réserve l'anneau indispensable pour le dernier jour qui le sépare de son union. Là, et après réception de la bague commémorative, la jeune fille peut répondre par un médaillon et même une bague. Le contrat moral est signé.

Du consentement des parents.

Pour toute union consacrée entre un fils n'ayant pas vingt-cinq ans révolus et une jeune fille ayant moins de vingt et un ans, le consentement des parents est indispensable. S'il y a dissentiment, le consentement du père seul suffit et si le père est mort, celui de la mère suffit également. Si le père et la mère sont décédés, les aïeuls les remplacent, et dans le cas où aucun parent ne survivrait, les fils ou filles mineures doivent obtenir le consentement d'un conseil de famille composé comme il suit :

Six parents ou amis de l'orphelin, trois représentant le côté paternel et trois autres le côté maternel. Tous sont réunis sous la présidence du juge de paix de l'arrondissement. Quel que soit l'âge des fiancés, ils ne peuvent contracter mariage sans le consentement des parents s'ils existent. Un acte notarié passé devant témoin peut remplacer ce consentement.

Sommations et actes respectueux.

En cas de refus des parents de consentir à l'union des fiancés, ils peuvent s'adresser à un notaire mais seulement s'ils ont atteint leur majorité ; vingt-cinq ans accomplis pour le jeune homme et vingt et un ans révolus pour la jeune fille. Les actes de sommations respectueuses sont rédigés par un notaire en présence d'un second officier ministériel ou de deux témoins, ils sont enregistrés et notifiés ensuite aux pa-

rents. Les sommations peuvent être adressées trois
fois aux parents, mais à un mois d'intervalle entre
chacune d'elles. Si le consentement est encore refusé,
les enfants peuvent, un mois après la troisième som-
mation, passer outre et contracter leur union.

Notons en passant que toutes les unions ainsi
contractées sont de bien triste augure, chaque jour
les faits le prouvent. N'y a-t-il pas plus d'expérience
de la vie d'un côté que de l'autre ? Si l'amour naît
d'un moment, d'un coup de vent trop souvent il
s'éteint.

Du contrat de mariage.

Le contrat de mariage a pour but de régler les intérêts primaires des conjoints et d'assurer par la suite
la fortune de l'un ou de l'autre ainsi que l'avenir des
enfants. Il doit être contracté et signé devant un notaire qui en conserve la minute dans ses archives, il
doit être réglé avant la cérémonie du mariage. Ce
contrat doit également être dénoncé à la mairie afin
que l'officier de l'état civil enregistre la date, le nom
du notaire et le régime admis dans la réglementation
des fortunes et des biens réciproques.

Suivant notre code, quatre régimes différents peuvent être employés :

1º Le régime ou la communauté des biens apportés par les deux époux.

2º L'exclusion de la communauté soit au profit ou à l'avantage de l'un ou de l'autre.

3º La séparation de biens, c'est-à-dire chaque conjoint se réservant son apport.

4º Le régime dotal, la femme se réservant son apport.

Dans l'intérêt prévoyant de l'avenir on ne saurait attacher trop d'importance à la plus stricte régularité en les différents contrats ; non seulement on peut se trouver dans une situation difficile, mais, ce qui est plus terrible encore, y exposer ses enfants.

Dans tout mariage conclu sans contrat préalable les époux sont considérés comme unis sous le régime de la communauté, et les biens présents ou à venir appartiennent à l'un et à l'autre. C'est surtout après décès de l'un ou de l'autre, qu'il est nécessaire d'avoir établi un contrat bien juridiquement rédigé et légalement enregistré car, avoués, notaires, huissiers, et tous les paperassiers du timbre engloutissent l'héritage de nos survivants.

Généralement la cérémonie du contrat précède d'une semaine environ celle du mariage et donne lieu à des fêtes, bals ou dîners qui quelquefois remplacent ceux du jour même du mariage.

La signature du contrat est faite ordinairement au domicile de la fiancée chez laquelle se rend le notaire chargé de la rédaction de l'acte. Après le dîner, notaire et parents passent au salon pour la lecture de la signature. Après s'être incliné devant sa fiancée, le futur signe le premier et lui donne la plume ; les parents contresignent et, après eux, les membres de la famille par rang d'âge. Suivant un usage ancien, le notaire pouvait embrasser la main de la mariée avec, toutefois, la permission des deux nouveaux unis. Si un bal terminait la fête, le futur dansait le premier quadrille avec sa fiancée, et elle dansait le second avec le notaire.

Dans les familles de situation modeste le contrat est rédigé chez le notaire même, en son étude, avant le mariage ; et les réjouissances ont lieu le jour de la célébration de l'union.

Quant aux cadeaux obligatoires en pareille circonstance, ils dépendent des positions de fortune, de classe, etc. Les familles aisées pratiquent l'usage de la corbeille de mariage et celles de situation modeste se contentent de s'offrir des objets utiles au ménage. Ces cadeaux sont envoyés la veille ou le matin de la cérémonie.

Quand il y a soirée de contrat, le futur fait adresser, quelques jours avant, la corbeille dite corbeille de mariage. Toilettes de villes habillées, satin, velours, dentelles de famille, fourrures, bijoux, peuvent

être renfermés dans des corbeilles de vanneries dou-
blées de satin blanc et surmontées d'un bouquet de
roses blanches reliées entre elles par de grands nœuds
de satin blanc. Quelquefois un coquet bureau ou se-
crétaire Louis XV accompagne la corbeille.

La vanité et l'orgueil cherchent à introduire une
coutume peu digne d'être recommandée. A la soirée de
contrat on étale partout dans le salon les costumes,
toilettes, à côté des dentelles et bijoux offerts. L'os-
tentation va même jusqu'à promener devant les yeux
des invités la lingerie la plus intime de la fiancée.
Cela paraît être d'un goût tellement peu délicat que l'on
parle de supprimer cet indiscret étalage. Ne voit-on
pas trop souvent, dans les gazettes parisiennes, des
comptes-rendus aussi détaillés que déplacés ? En les
lisant on croit trouver l'article de réclame des fournisseurs. La fraîcheur, la grâce, la candeur de la jeune
épousée suffisent pleinement à captiver les regards des
invités. Plusieurs fois on s'est récrié contre cette osten-
tation malséante ; chroniqueurs et courriéristes l'ont
même stigmatisée de fâcheuse façon dans leurs revues
mondaines.

Formalités civiles

Onze jours doivent précéder la cérémonie religieuse et sont consacrés aux formalités du mariage

civil; pendant ce temps la publication du dit mariage est affichée à la mairie, énonce les noms, prénoms, situation civile des deux futurs. En plus de ces noms la publication doit mentionner :

1° La profession des enfants et parents.

2° Leur domicile.

3° Les jours et lieux où sont faites les publications.

L'acte étant rédigé par un officier de l'état civil, un extrait en est affiché dans le cadre que nous voyons à la porte de nos mairies sous le titre de : publications de mariages, et l'affichage a lieu dans la mairie du quartier habité par le futur ou dans celle où réside la famille de la fiancée.

Les pièces nécessaires à la rédaction de l'acte sont :

L'acte de naissance des futurs conjoints.

Le consentement des parents, verbal ou par un acte authentique, s'ils ne peuvent paraître en personne.

L'acte de décès du père ou de la mère si les futurs ont perdu l'un ou l'autre.

Si des actes respectueux ou des sommations ont été faites par les enfants, par les fiancés, ceux-ci doivent produire les procès-verbaux et les actes.

Enfin il faut reproduire à la mairie où a lieu le mariage, les certificats des mairies dans lesquelles ont été faites les publications, afin que le maire ou l'adjoint ne puisse constater aucune opposition au dit mariage.

A ces premières pièces doivent être jointes les suivantes :

1° Certificat du futur constatant qu'il a satisfait à la loi de recrutement ou qu'il a accompli son service militaire.

2e Un autre certificat prouvant sa résidence pendant six mois au moins dans l'arrondissement ou la commune habitée par lui.

Formalités à remplir pour l'Eglise

Les publications ou bans doivent être faits dans la paroisse de chacun des deux fiancés, et renouvelés trois dimanches de suite au prône de la grand'-messe.

Deux de ces bans ou publications peuvent être rachetés à la paroisse par les futurs mariés à l'une ou à l'autre église. Bien que l'on puisse contracter mariage à la paroisse de l'un ou de l'autre, l'usage veut que la cérémonie ait lieu à celle à laquelle appartient la mariée. Il peut arriver que, par suite de circonstances que nous ne pouvons ici prévoir, on désire célébrer le mariage dans une autre église ; dans ce cas le consentement des deux curés est indispensable et les futurs doivent une rémunération aux églises désignées par leurs domiciles respectifs.

Certaines unions ne peuvent être contractées à l'église sans dispenses qui sont demandées à l'archevêché et sont accordées gratuitement ou pécuniairement selon la position des demandeurs.

Ces dispenses sont nécessaires entre :

Beau-frère et belle-sœur.
Oncle et nièce.
Neveu et tante.

Elles n'ont aucun rapport avec celles de l'état civil, du mariage à la mairie.

Quant à la consécration à l'église, les pièces à produire consistent en :

1° Le certificat de mariage à la mairie.

2° L'extrait de baptême et le certificat de première communion.

3° Un acte certifiant la publication des bans aux prônes des messes dites dans la paroisse des futurs.

4° Le billet de confession des fiancés.

Des exceptions sont faites pour les veufs ou veuves ; pour les divorcés ou divorcées, l'église, ne reconnaissant pas le divorce, reste en dehors de leur second mariage.

Cérémonie

On est en droit de s'étonner qu'aucun des manuels des usages du monde ne parle de l'importante fonction du garçon d'honneur dans la cérémonie religieuse du mariage. Son rôle est pourtant assez appréciable et nous devons le lui tracer en songeant à tous les devoirs qui l'attendent. La demoiselle d'honneur ne joue qu'un rôle effacé, officiellement parlant, car elle est sous la tutelle de son compère le garçon d'honneur ; son rôle principal consiste à tendre son aumonière aux invités tout en étant conduite par son garçon d'honneur tenant le bouquet qu'il lui a offert. Si la demoiselle d'honneur veut acquérir une quête fructueuse, elle doit, par un charmant mouvement du bras droit, une gracieuse inclination de la tête et une plus gracieuse encore invite par le regard, avoir raison des bourses les plus fermées.

Les personnes invitées par lettres de faire part se rendent au domicile de la mariée et sont reçues par les parents. Le marié est naturellement arrivé le premier accompagné de ses parents s'il les a encore. C'est alors qu'interviennent le garçon et la demoiselle d'honneur ; cette dernière est le plus souvent la sœur de la jeune mariée, sa plus proche parente ou, à leur défaut, sa plus ancienne et intime amie. De même pour le garçon d'honneur qui est choisi dans la parenté ou dans les liens de profonde amitié.

Le garçon d'honneur, muni d'un bouquet blanc, va chercher en voiture la demoiselle d'honneur et ses parents pour se rendre ensemble au domicile de la mariée. Il se doit à sa demoiselle d'honneur et à la mariée tout à la fois ; il surveille avec les plus grands soins tous les détails de la cérémonie et les suites que comportera la journée : promenades, repas, fêtes, etc. A l'église il lui offre son bras droit pour quêter en tenant le bouquet, offert par lui, dans sa main gauche, et après la cérémonie il la reconduit chez elle avec sa famille dans la voiture prise le matin.

Le cortège nuptial est formé à l'église quand toutes les voitures sont arrivées devant le porche. Dans la première voiture prennent place la mariée au fond, à droite sa mère et sur le devant le père.

Dans la seconde montent le marié et ses parents, sa mère placée à sa droite et son père devant lui. Viennent ensuite les autres voitures réservées aux garçons et demoiselles d'honneur, aux parents et témoins des deux familles.

L'entrée à l'église a lieu dans l'ordre suivant :

Le père de la mariée la conduisant à l'autel.

Le marié donnant le bras à sa mère.

La mère de la mariée au bras du père du fiancé.

La demoiselle et le garçon d'honneur se tenant par le bras, la demoiselle ayant son bouquet à la main et le cavalier tenant son chapeau de la main gauche, le long de la jambe.

Les autres parents et amis prennent place à la fin du cortège ; ils doivent être choisis dans les deux familles des mariés.

Devant l'autel sont placés deux fauteuils réservés aux nouveaux époux ; derrière eux se placent sur le côté gauche de l'église les invités de la mariée et sur le côté droit ceux du jeune homme :

Un usage élégant et bienséant demande que tous les invités entrent à l'église avant le couple nuptial et forment la haie à droite et à gauche ; ils s'inclinent respectueusent dès que le cortège fait son entrée, que l'orgue accompagne par une marche jusqu'à ce que les fiancées soient arrivés au pied de l'autel. Les garçons et demoiselles d'honneur, les témoins suivent et prennent leurs places dans l'ordre ci-dessus indiqué. L'office commence alors.

Dès que le prêtre a prononcé les paroles sacramentelles : consentez-vous à prendre pour époux..., la mariée retire son gant pour recevoir l'alliance offerte par son mari ; cette alliance doit, à l'intérieur et par la gravure, rappeler la date et l'année de la célébration du mariage. Le prêtre présente la bague au marié, lequel la passe au doigt annulaire de la main gauche de son épouse.

Au moment où doit commencer la quête, le garçon d'honneur offre son bras à la demoiselle d'honneur; ils passent au milieu des assistants. La jeune fille doit savoir, par un geste gracieux de son bras droit et un sourire aimable, faire remplir son aumônière. Pendant ce temps, d'autres garçons, les plus jeunes ordinairement, soutiennent à droite et à gauche le voile, dit poêle, étendu au-dessus de la tête des mariés.

A l'issue de la messe le cortège se rend à la sacristie afin de signer sur les registres de l'église constatant l'acte de mariage; une fois les signatures données, tous se rangent en ligne dans l'ordre conforme à celui de l'entrée. Les parents, témoins, invités défilent à la suite devant les mariés leur prodiguant les félicitations ainsi qu'à leurs familles. Le marié serre affectueusement les mains qui se tendent à lui et la mariée embrasse les dames et les demoiselles qui lui sont intimes.

En sortant de la sacristie on trouve les voitures placées devant l'église mais non dans l'ordre suivi à l'entrée.

Les deux époux se donnent le bras et montent dans la première voiture décorée de fleurs au fronton des chevaux et d'un nœud blanc au fouet du cocher; ils sont accompagnés de la famille du marié.

La seconde voiture est réservée à la famille de la

mariée. Les autres sont destinées aux témoins et amis.

La mariée avec sa famille rentre alors chez elle et, après avoir ôté son voile, reçoit les amis et les invités.

Un lunch, dont elle fait les honneurs avec son époux, termine la cérémonie, à moins qu'il n'y ait dîner ou bal le soir, le bal de noce traditionnel.

Du bal de noces.

La multiplicité des relations auxquelles nous sommes maintenant condamnés, l'exiguité de nos salons, les mille et mille tracas que suscite un bal nombreux, ont fait admettre la mode nouvelle de donner les bals de noces dans les hôtels de choix. C'est donc là où sont conviées les personnes verbalement invitées ou ayant reçu la lettre de faire part mentionnant : et au bal qui aura lieu le soir, à...

Ce bal est presque toujours précédé d'un grand dîner donné au même hôtel que le bal. Dans ces repas, il était d'usage autrefois de placer à table les mariés en face l'un de l'autre pour présider à la fête ; la mariée entre les deux pères, et le marié entre les deux mères ou les personnes les remplaçant.

Aujourd'hui on préfère mettre les jeunes époux à côté l'un de l'autre, tenant un des bouts de la table avec leurs jeunes amis. Cette nouvelle coutume paraît moins répondre que la première au respect que l'on doit aux familles et à leurs invités. Après avoir indiqué les deux coutumes différentes, je trouve préférable de laisser la liberté d'agir aux parents suivant leur libre arbitre.

Dans le cas où les jeunes époux seraient assis vis-à-vis l'un de l'autre, deux témoins seront placés de chaque côté des deux mères ; celui du marié à côté de la mère du mari et réciproquement. Les places les plus proches de celles occupées par les familles appartiennent aux femmes, aux filles des autres témoins.

Il peut se produire qu'un personnage important soit convié au festin ; dans ce cas, il est placé à la droite de la mariée, si c'est un homme ; à la droite du marié, si c'est une dame.

Les mariés ne participent en rien aux honneurs à rendre pendant le repas, et leur rôle reste complètement passif. Quelques toasts peuvent être portés à la fin du dîner : le premier, prononcé par un des témoins de la mariée, lui est adressé en premier lieu et au mari en second lieu.

Les parents répondent par quelques mots de remerciements. A la campagne, des chansons remplacent les toasts de la ville.

Le garçon d'honneur voit arriver à lui, avec le

bal, toutes les charges qui lui sont dévolues, car c'est à lui seul maintenant de veiller à toutes les parties accessoires de la fête dansante. Les plus grands soins dont il entoure sa demoiselle d'honneur ne peuvent lui faire oublier sa sollicitude envers toutes les autres demoiselles et dames. Quant à ses fonctions près de la mariée, elles prennent fin après quelques valses dansées avec elle.

Toutefois si, chose très rare mais possible, le bal est terminé par un cotillon, il doit le conduire lui-même.

L'ancien usage de commencer le bal par un quadrille d'honneur, dansé par le nouveau couple et les parents, a presque disparu depuis quelques années, et n'est conservé que dans la province.

Rappelons au garçon d'honneur qu'il fera souvent danser sa demoiselle d'honneur, ainsi que toutes les autres jeunes filles ; il doit même intervenir dans les présentations de cavaliers afin qu'aucune d'elles ne reste oubliée ou délaissée.

Si, par la famille, il a été invité à venir la chercher à son domicile, il la reconduira à la fin du bal.

Un dernier conseil aux garçons d'honneur : Les attentions, les prévenances sont des perles que les femmes recherchent et recueillent avec le plus grand soin et le meilleur souvenir.

Lettres de faire part.

Deux modes sont usités dans l'envoi de lettres de faire part de mariage : Les lettres d'invitation à la cérémonie nuptiale et celles adressées par la suite et dans le délai de quinze jours indiquant seulement le jour, la date et le lieu de la célébration.

Les premières sont envoyées huit jours au moins avant la cérémonie; les autres dans un délai plus long. Dans les deux on doit mettre en tête les grands-parents, aïeux ou aïeules et joindre les titres ou qualités. Si un lunch ou une réunion suit la célébration religieuse, la rédaction est ainsi conçue : — Madame (la mère de la mariée) recevra chez elle après la cérémonie.

La réponse en félicitations est rendue dans les trois ou quatre jours qui suivent la réception de la lettre; elle est faite sur carte de visite avec, écrits à la main, les mots de félicitations et de compliments. Si les relations le permettent, une lettre remplace avantageusement la carte. Si les personnes ayant reçu les lettres de faire part ne sont en relation qu'avec le marié, lettres ou cartes sont adressées directement aux jeunes époux et non aux parents.

Huit jours ne peuvent s'écouler sans qu'amis ou
parents ou invités ne remettent leurs cartes ou ne
fassent visite chez les parents d'abord et chez les
mariés ensuite. Une grande intimité peut permettre
de rendre des dîners, soirées ou bals en l'honneur
des mariés.

Toutes ces coutumes dépendent des situations,
des rapports de familles entre elles, en un mot du
milieu dans lequel vivent et sont appelés à vivre les
jeunes époux.

Décès

FORMALITÉS CIVILES ET RELIGIEUSES A REMPLIR.

Formalités civiles.

Dès que le décès a lieu dans une famille, la déclaration sera faite à la mairie de son arrondissement par le plus proche parent ou, à son défaut, par l'ami le plus intime. L'heure exacte de la mort est donnée et le maire envoie au domicile du mort le médecin de la municipalité chargé spécialement de ce service. Il a droit d'exiger tous les renseignements qu'il demande sur la nature de la maladie, sa durée, la cure suivie par le malade et les causes du décès. Après la rédaction de son procès-verbal mentionnant le décès, il donne le permis d'inhumation. Les parents ajoutent à ce procès-verbal l'acte de naissance, l'acte de mariage si le décédé était marié ; les nom, prénoms, profession, âge et date de la mort sont rigoureusement mentionnés. De plus, il est indispensable d'ajouter les noms des parents s'ils existent et si la personne décédée était veuve ou mariée. Une fois l'acte régulièrement établi, il est transmis et enregistré à la mairie dans laquelle est fixé le jour des funérailles.

Il est souvent pénible dans les familles de ne pas être secondé par quelque parent ou ami, et d'être obligé de remplir soi-même ces tristes formalités ; on se voit alors contraint d'avoir recours à un étranger. Il doit immédiatement se rendre à la mairie dont le médecin peut, jusqu'à un certain point, remplacer la famille. Aucune inhumation ne peut être faite sans le certificat donné par le docteur et avant un délai de vingt-quatres heures. En cas d'épidémie, ce délai peut être abrégé.

Funérailles, convois, cérémonies religieuses.

Avant de procéder aux funérailles, le corps du décédé est enseveli, déposé sur son lit veillé par les parents ou à leur défaut par une garde-malade. Deux bougies doivent brûler à son chevet jour et nuit. S'il y a dans la famille des jeunes enfants, il est bon de les éloigner chez des parents, ou des amis et de ne les rappeler qu'au moment du service funèbre. Le matin de l'enterrement, le corps est descendu après la mise en bière sous le porche de la maison du domicile. Des tentures sont disposées sur les côtés de la porte et des cierges allumés sont placés devant et autour du cercueil recouvert du drap mortuaire. Ce drap est blanc pour les jeunes filles et jeunes garçons, noir dans les autres circonstances. Amis et parents peuvent apporter des bouquets et des couronnes dont on orne le catafalque.

On a tellement abusé dans les derniers temps d'un luxe souvent scandaleux de fleurs et d'attributs divers que beaucoup de mourants les interdisent dans leurs dernières volontés, volontés rigoureusement exigibles et exigées.

Le mari, la femme, le père, la mère, assistent rarement à l'enterrement de celui ou celle qu'on a perdu ; un fils toutefois doit suivre quand même son père ou sa mère en précédant le cortège.

C'est à la mairie et l'église que sont réglées à l'avance l'heure et le jour des funérailles et, dès cette décision prise, sont envoyées les lettres de convocation pour le service des funérailles. Ces lettres indiquent l'heure précise du service et l'église où il a lieu, elles sont adressées par le plus proche parent et contiennent les nom, prénoms, âge, condition, domicile du défunt ; ses titres, qualités, sont également rappelés.

Quant au libellé des lettres, il est écrit sur du papier encadré de noir avec bordure plus ou moins large. Le mode le plus pratique consiste à remettre la liste des personnes auxquelles ces lettres doivent être adressées à l'administration chargée par les parents de tous les soins des funérailles ; mises sous enveloppes elles sont envoyées à domicile. Dans les cas où on n'aurait pas envoyé de lettres de convocation pour le service funèbre à l'église à des personnes avec lesquelles on se trouve en relations, il est d'usage de leur adresser des lettres de faire part conçues à peu près en ces termes :

M. et Mme ont l'honneur de vous faire part de la perte douloureuse qu'ils éprouvent en la personne de M. ou Mme décédé en son domicile, etc... la suite conforme aux rédactions des lettres de faire part ordinaires. Généralement les premières lettres invitent par ces mots : « On se rendra à la maison mortuaire », les personnes à venir chez la famille ; à entrer au salon où elles sont reçues pour offrir leurs condoléances. Le cortège se forme ensuite pour se rendre à l'église dans l'ordre suivant :

Le fils si c'est père ou mère décédé.

L'époux si c'est sa femme.

Viennent ensuite les plus proches parents du côté des hommes. Les deux premiers doivent marcher tête nue ; les plus rapprochés d'eux agissent sagement en les imitant ; les amis suivent et après eux les dames par degrés de parenté, les uns à pied, les autres en voiture. Les voitures sont principalement réservées aux dames accompagnant le cercueil jusqu'au cimetière.

A l'entrée de l'église, au moment où le décédé est transporté du corbillard aux portes de l'église, tous les assistants se découvrent et se rangent sur deux lignes à droite et à gauche du cercueil, jusqu'à ce que le prêtre conduise le corps devant l'autel après avoir dit les premières prières. Dans le service officinal les hommes se rangent à la gauche du chœur de l'église et les dames à la droite. Les premiers sièges placés près du cercueil sont réservés à la famille ou encore aux intimes tenant lieu de parents.

A l'issue du service, les plus proches parents, après avoir béni le cercueil, se rendent au fond de l'église sur une ligne, pour recevoir les compliments de condoléance de tous les assistants. Ces derniers passent derrière le corps du défunt et saluent respectueusement en tenant un petit faisceau de buis vert qu'ils trempent dans l'eau bénite placée au pied du cercueil, et avec lequel ils font le signe de la croix sur la tête du mort.

Tous défilent ensuite et alternativement devant la famille qu'ils saluent tristement; les serrements de mains sont réservés aux plus intimes.

Un nouveau cortège est formé à la sortie de l'église pour conduire le corps au cimetière ; il est formé

dans le même ordre que précédemment, les dames
montent dans les voitures de deuil et les hommes également si le nombre de ces voitures le permet.

Les premières de ces voitures sont toujours réservées aux membres de la famille.

Les fleurs et couronnes qui recouvraient le char
au départ du domicile du défunt, sont remises à
leurs places sur le corbillard et laissées sur la tombe
après l'inhumation.

A la sortie du cimetière, les parents remercient les
amis qui ont tenu à leur prouver une part plus grande
de sympathie. Les voitures ramènent à leurs domiciles respectifs tous les parents et assistants. Il est inutile de faire observer que les toilettes noires sont
exigées tant pour les hommes que pour les dames et
que tout gant de couleur est déplacé.

Quant à tous les soucis que créent souvent, et surtout à Paris, les inhumations qui sont faites en province dans les endroits où habitent les familles et
les parents, il faut s'adresser à l'administration des
pompes funèbres. Elle se charge de tous les moindres
détails ; elle envoie un fourgon à l'église et le fait conduire à la gare désignée. La voiture est accompagnée
par un parent ou un employé de l'administration.

Il est indispensable pour ce transport d'avoir l'au-
torisation du maire de son arrondissement ainsi que
celle du préfet du département où le service d'inhumation sera fait. Toutes les administrations funé-

raires de Paris évitent ces formalités aux parents en les remplissant elles-mêmes.

Du reste toutes ces cérémonies étant pleines de tristesses, il est préférable d'en laisser la charge à quelque fonctionnaire d'administration funèbre. Les choses sont mieux ordonnancées et peuvent nous permettre de nous abandonner entièrement à notre douleur.

Des deuils.

Le deuil est obligatoire pour nous tous et, plus il nous touche de près, plus il doit être profond et manifesté officiellement.

Les deuils se divisent en trois classes :

Le grand deuil.

Le deuil ordinaire.

Le demi-deuil.

Pour les femmes, les costumes de laine ou drap noir sont seuls admis dans les grands deuils ; la soie est permise dans les deuils ordinaires et enfin les étoffes grises, violettes ou mélangées de noir et de blanc sont autorisées dans les demi-deuils. Pour les hommes, costumes et gants noirs sont de rigueur, seul le crêpe recouvrant le chapeau diminue suivant le degré de parenté.

Durée des deuils.

La durée des différents deuils exigée dans la société est : Pour un mari, un an et six semaines dont six mois en grand deuil ; et le reste en deuil ordinaire.

Pour une femme, un père, une mère, six mois dont trois en grand deuil et trois en demi-deuil.

Pour aïeul ou aïeule, quatre mois et demi, dont deux en grand deuil et les autres en petit deuil.

Pour frère, sœur, deux mois dont un de grand deuil et le second de deuil ordinaire.

Pour tante ou oncle, trois semaines de deuil ordinaire.

Pour cousin ou cousine, six semaines de deuil ordinaire.

Il est à noter que les deuils d'ascendants à descendants ne sont pas obligatoires ; mieux vaut toutefois les observer en raison des égards de politesse réciproque.

De la tenue du costume dans les deuils.

Bien qu'incidemment j'aie déjà parlé du costume dans les deuils, ce chapitre mérite actuellement un grand intérêt en raison du sans-gêne incompatible avec le côté solennel et imposant des cérémonies funèbres, et par suite irrévérentieux envers la famille du défunt. Parmi les hommes on ne devrait voir à l'église aucun vêtement de couleur, aucun gant, aucun pantalon qui ne soient noirs ou tout au moins de couleur très foncée. Tout chapeau, autre que le haut de forme ou le claque, devrait être interdit ; tant s'en faut qu'il en soit de même aujourd'hui.

Quant aux dames, elles observent plus religieusement les lois de l'étiquette, mais leurs chapeaux ne répondent souvent pas assez au caractère sombre d'une cérémonie funèbre et elles devraient bannir toute fleur d'une couleur autre que rouge ou noire.

Les personnes directement atteintes par la perte de l'un des leurs ont des lois toutes tracées par les traditions. Le deuil de la veuve est porté en robe de laine unie noire, ou en crêpe anglais ; sur le chapeau s'étend un voile de tulle noir retombant sur le visage et les épaules. Tout bijou est interdit ainsi que toute invitation au plaisir telles que soirées, diners, théâtres, etc. Les gants de Suède sont préférables à tous autres et ceux de peau ne seront admis que six mois après, c'est-à-dire dans le deuil ordinaire, avec les robes de soie, grenadine, etc., toujours noires.

Si une veuve se remariait avant l'expiration de son deuil, il lui serait permis de quitter son costume noir pour le jour de son mariage, mais elle doit le reprendre dès le lendemain. Les dames d'honneur l'accompagnant à la cérémonie remplacent les costumes blancs par des mauves, gris-perle, violet-tendre ; toutefois, les jeunes filles peuvent adopter la toilette blanche.

Pendant la durée du grand deuil on est astreint à aucune visite en dehors de celles de la famille et on ne commence les autres qu'au moment du deuil ordinaire.

Laissons là nos funèbres conseils, donnons-en de plus gais et parlons de toutes les fêtes dans lesquelles les usages du monde réclament d'autant plus notre attention que l'on semble vouloir s'en départir de plus en plus. C'est l'instant de rappeler aux hommes ce qu'ils doivent aux dames en matière d'éducation, les dettes qu'ils contractent vis-à-vis d'elles en allant dans le monde, et aux dames le rôle élégant et brillant qu'elles ont à jouer dans les salons.

5

BALS, THÉATRES, DINERS, FÊTES

Invitations à ces réjouissances.

Les lettres d'invitations pour un grand bal sont envoyées huit jours au moins à l'avance, et il ne faut pas confondre celles des bals avec celles des soirées, pas plus de la part des maîtresses de maison que de celle des invités. Les toilettes restent les mêmes pour les cavaliers mais diffèrent pour les dames. Chez les cavaliers, l'habit noir et la cravate blanche sont le fonds de la tenue, tandis que chez les dames elles sont décolletées et parées de fleurs dans les grands bals et peuvent simplifier leurs toilettes dans les soirées. La toilette des jeunes filles est presque toujours la même, le blanc allié à la grâce juvénile embellie de modestie et de simplicité. Quelques robes claires roses ou bleues, quelques nattes dans la chevelure ornées de rubans clairs sont d'un goût délicat. Pour les plus âgées un timide décolletage est admis dans les grands bals.

Une coutume aussi déplorable dans un salon privé que nécessaire dans les bals dits de souscription, de mairie, de bienfaisance, etc., est celle de la présentation Cette présentation, encore un triste usage d'outre-Manche, ne peut qu'être blessante dans un salon privé. Ou les invités se connaissent, sont connus de la maîtresse de maison, sont de la même société et sont dignes d'être reçus et acceptés par les maîtres, de maison, ou de fâcheuses nuances existent. Tous deviennent égaux évidemment par l'invitation reçue. Qu'un frère vienne présenter et recommander à sa sœur un camarade, un ami, cela se comprend ; mais je demande à m'expliquer pourquoi un maître de maison recevant chez lui des gens, dont il a nivelé l'éducation avant de les inviter, tolère les ridicules présentations. Ou les personnes reçues par vous se rencontrent en amis, donc se connaissent et peuvent d'eux-mêmes s'aborder, ou ils ne sont que des étrangers, alors pourquoi les recevoir ? Nous ne le savons que trop maintenant. Pour remplir ses salons on invite les amis des amis, et même les connaissances furtives des amis et le bal perd ainsi tout son cachet de familiarité courtoise. Je le répète, la présentation est nécessaire dans les bals donnés hors de chez soi, mais elle est blessante pour les cavaliers dans les propres salons du maître de maison.

Peut-être serait-ce une des causes de l'abandon de la danse dans les bals et de l'indifférence trop souvent regrettée du cavalier à l'égard des dames. Certainement ces présentations obligatoires dans un salon privé ne peuvent être que désobligeantes pour les danseurs et il est fort heureux que maîtres et maîtresses de maison interviennent fréquemment et applanissent les difficultés.

Ces maîtres de maison doivent par mille et mille attentions répandre la gaîté, l'entrain ; au commencement du bal ils reçoivent à l'entrée du salon les personnes venant les saluer et échangent avec elles quelques mots de politesse. Le maître de maison doit offrir son bras aux dames à leur entrée dans le salon et les conduire à la place qu'elles doivent occuper ; un fils ou un intime peut le seconder. La maîtresse de maison, assise à une des places d'honneur du salon, reçoit les hommages et les saluts des invités. Quand l'animation du bal commence à se trahir par l'entrain du danseur, le maître de maison, offrant son bras à sa dame ou à une amie, parcourt l'un ou les salons de danse et adresse à chaque invité quelques mots d'affabilité. Si l'âge le lui permet encore, le maître de maison doit faire danser les jeunes femmes quand il les voit délaissées sur leurs chaises.

Les yeux des maître et maîtresse de maison doivent veiller à tout, même pendant les danses ; après avoir, c'est le mot (désobligeant pour les cavaliers mais malheureusement juste) contraint les cavaliers à inviter les demoiselles pour les valses, ils se doivent aux papas et aux mamans, et, par leur conversation, leur rendre le bal presque aussi agréable pour eux qu'il l'est pour les enfants.

Quelque fatigués que soient les amphitryons, ils ne doivent pas terminer le bal avant d'avoir constaté le désir de quitter la fête chez bon nombre d'invités ; ils se retirent alors discrètement, à moins qu'un souper ne termine le bal.

Le buffet se compose de pièces froides montées, galantines, foies gras, jambons, etc., un maître d'hôtel est affecté au service des danseurs et leur verse le Bordeaux et le Champagne. La maîtresse de maison fait les honneurs du souper auquel les dames ont été conduites par les cavaliers ; ces derniers restent derrière elles et doivent venir en aide à la maîtresse de maison.

Pendant les danses ou les intervalles qui les séparent, le maître de maison conduit au buffet les dames et demoiselles réduites, comme on le dit vulgairement, à faire *tapisserie*, c'est-à-dire n'ayant pas été invitées à danser.

Un nouvel et heureux usage consiste à faire stationner devant la maison plusieurs voitures afin que les invités puissent facilement en trouver à la sortie du bal ; c'est encore au maître de maison qu'incombe cette prévenante attention.

Dans les bals dits d'arrondissement, de bienfaisance, de souscription, etc., les maîtres d'hôtel, fournis par l'hôtel où a lieu la fête, sont toujours prêts à donner leurs services aux garçons d'honneur dès que l'entrée des salons est achevée. Les garçons d'honneur font fonction de commissaires introduc-teurs. Leur rôle se complique pourtant très souvent à partager leurs soins entre tous les invités et surtout les prodiguer aux invitées.

Dès qu'ils voient entrer des dames seules, ils leur offrent le bras et les conduisent à une place en les priant de s'asseoir et en les saluant. Toutes les lois de la galanterie leur sont imposées aussi bien avec les mères qu'avec les jeunes filles, et ils ne doivent quitter la salle de bal que les derniers. Leur con-cours est encore nécessaire pour assurer le départ des parents.

Il est fréquemment d'usage d'envoyer des cartes de remerciement aux commissaires dont on a mis à l'épreuve la bienveillante attention et les services qu'ils ont rendus.

Quant à ce qui touche à la tenue des cavaliers, il semble inutile de leur rappeler qu'ils ne doivent pas quitter leurs gants, même au buffet ; qu'ils ne peuvent danser trop souvent avec la même dame ; qu'ils doivent pendant les valses interrompre la danse de temps à autre et, offrant le bras droit à la dame, causer quelques instants avec elle. Sur le désir de la dame, ils reprennent la valse et la terminent en reconduisant leur danseuse à sa place et la remerciant par un léger salut. Quelquefois la danseuse demande à être conduite au buffet, mais ce dernier cas ne peut se produire que dans une grande intimité.

Notons en passant que, quoi qu'en dise la mode, il est du dernier mauvais goût de danser en tenant son claque à la main, passe encore en le cachant sous le bras gauche tout en soutenant la main de la danseuse. En invitant la dame, le cavalier remet son claque sur sa chaise et le reprend à la fin de la danse ; il reconnaît ainsi facilement la place de la danseuse et son chapeau s'il a eu soin d'en tourner la coiffe en dehors.

Un conseil encore aux demoiselles. Elles tiendront en dansant leur éventail de la main gauche et perpendiculairement à l'épaule droite du cavalier, le haut de l'éventail presque adhérent à l'épaule du danseur. Tout éventail tenu par la main droite ne saurait résister et serait brisé bien avant la fin du bal.

Bals masqués, travestis et Redoutes (1).

On a cherché à donner à nos bals masqués de société un caractère nouveau et on y a réussi :

(1) *On appelle* redoute, *par rapport à la danse, une fête ou réunion dansante donnée sans apparat, soit dans le salon, soit dans le jardin. Le costume de bal est remplacé par celui de ville très habillé*

Le plus souvent, au lieu de se trouver au milieu d'une troupe bigarrée de toutes sortes de costumes, on sac ste à une sorte de Redoute dans laquelle chacun, caché sous le masque et sous le loup, peut spirituellement et courtoisement intriguer son prochain. En dehors de ces fêtes on tend de plus en plus à inaugurer et répandre ces bals présentant un caractère homogène, rappelant une époque historique. Tous les costumes sont alors copiés sur ceux du temps des anciennes fêtes ; les danses sont en rapport avec les costumes. L'époque Henri III, Henri IV demande la *Volte*, la *Pavane* ; celle de Louis XIV, Louis XV exige le *Menuet de la Cour, la Gavotte*. Plus tard, sous la Régence, malgré les *Menuet* et *Gavotte* conservés, on danse la *Contredanse du Régent,* qui a donné naissance à notre contredanse ou quadrille français (1).

Une des grandes réjouissances des hivers derniers, a consisté en des matinées dites champêtres bien qu'elles aient lieu dans les salons. Tous les invités revêtaient des costumes de paysans de l'Auvergne, du

avec gants clairs. Ces redoutes peuvent être, et sont même quelquefois costumées ; il est alors d'usage de prévenir à l'avance les invités. Comme l'indique son étymologie latine reductus, *se* réductre, réduire, *la fête présente un caractère familial et* réduit, *pour les invitations, aux plus intimes.*

(1) La théorie et la musique de toutes ces danses se trouvent avec les indications nécessaires et les reproductions des textes originaux chez l'éditeur Bornemann, 15, rue de Tournon.

Poitou, de l'Anjou et dansaient gaiement les Bour-
rées et les branles nationaux de ces pays.

Les invitations pour ces sortes de bals sont adressées un mois à l'avance afin de laisser aux invités le
temps de faire préparer les différents costumes. Il
y a quelques années, ces fêtes étaient réservées aux
jours du Carnaval, actuellement elles ont lieu durant
toute la saison des bals sans distinction. Je puis
même ajouter que, d'après une coutume nouvelle, les
plus grands bals, les fêtes les plus somptueuses ne
sont données qu'après Pâques ; on le comprend aisément parce qu'alors on peut mettre les jardins des
hôtels à la disposition des invités.

A toutes les invitations envoyées on doit répondre
quelques jours avant le bal par une carte, dût-on
quand même ne pouvoir y prendre part. Si l'invitation a été faite verbalement et acceptée, ce serait
manquer de savoir vivre si l'on n'accusait par lettre
un cas de force majeure.

Quand les bals, soirées ou réceptions sont hebdomadaires, par quinzaine ou mensuelles, les invitations
ne sont point renouvelées ; elles sont rédigées par
les maîtres de maison de telle sorte qu'elles puissent
sous-entendre l'invitation permanente pendant la durée de la saison. Généralement ces invitations sont
ainsi conçues : Monsieur et Madame..... recevront
tous les (indiquer le jour)..... soir ; ils espèrent avoir
le plaisir..... ou l'honneur de vous voir accepter leur

invitation. Selon le programme de la réunion, on ajoute au bas et à gauche de la carte : On dansera, on fera de la musique. La rédaction d'une invitation à une fête costumée et spéciale nécessite de plus amples détails. On ajoute : la fête sera sous Henri III, Louis XV ou autres.

Dans les soirées hebdomadaires, les cartes des cavaliers sont remises de huitaine en huitaine ; il est même bien goûté chez les personnes de haut goût de rendre une visite personnelle le jour adopté par la maîtresse de maison comme jour de réception.

Nous entendons souvent parler de bals roses, de bals blancs ; ces bals sont donnés le jour et commencent vers deux heures et demie ; parfois ils ont lieu le soir mais finissent à des heures peu tardives. On entend par bals blancs ceux réservés aux jeunes gens et aux jeunes filles, et, par bals roses, ceux consacrés aux jeunes ménages. Les jeunes filles sont habillées en blanc, et les jeunes gens portent l'habit noir, le soir, et la redingote le jour ; les gants restent toujours de couleur blanche ou gris perle. Les bals roses actuels réservés aux jeunes ménages ne sauraient être confondus avec les anciens dans lesquels toutes les jeunes filles et jeunes femmes arrivaient vêtues de robes roses ; tous les costumes de couleurs claires sont maintenant admis dans ces sortes de fêtes.

Bien que nous reconnaissions tous que les fleurs sont l'apanage des dames et des demoiselles, il nous faut céder à l'implacable mode et, dans les bals blancs, permettre aux cavaliers d'orner leur boutonnière d'une rose blanche.

Rappelons, en terminant, à tous les cavaliers leurs devoirs dans les bals : Inviter en premier la jeune fille de la maîtresse de maison avant toutes les autres ; inviter aussi la maîtresse de maison si elle danse encore ; ne manifester aucune préférence dans le choix des invitations, à moins toutefois que cela ne soit de fiancé à fiancée. Ne laisser jamais aucune demoiselle ou jeune dame assise et abandonnée pendant les danses et éviter de promener sa danseuse par le bras avant les dames, ce qui est du plus mauvais goût. Ne pas imiter le ton malséant des valseurs conduisant leurs dames sans soutenir leur main gauche. Dans les instants de repos au milieu des valses, quitter la taille de la dame pour lui offrir le bras droit et échanger avec elle quelques paroles courtoises et aimables. La dame aime à trouver à la fois un bon valseur et un affable causeur. Le cavalier fait précéder son invitation d'un gracieux salut ; si l'invitation est acceptée il offre sa main droite et aide la dame à se lever de sa chaise ; il n'enlace la taille de la dame par le bras droit qu'au moment de partir pour la danse. A la fin de la valse, il la reconduit et la salue en la remerciant respectueusement. J'ai indiqué plus haut l'usage du chapeau et n'ai point à y revenir. La dame répondra aux saluts par une faible inclination de la tête et par un plié des genoux peu sensible en s'asseyant.

Au théâtre.

La Comédie Française, l'Opéra, l'Opéra comique, le Gymnase sont les théâtres actuellement adoptés par les familles, on peut encore ajouter l'Odéon. Le choix des pièces appartient aux parents pour y conduire leurs enfants. Les toilettes et costumes dépendent à la fois et des théâtres et des sortes de représentations. Pour toutes celles dites de Gala, la tenue de soirée est obligatoire chez les cavaliers et chez les dames. Pour les mardis de la Comédie Française, les hommes devraient conserver l'élégant usage de l'habit noir et de la cravate blanche ; malheureusement chez peu d'entre eux cette coutume de haut goût semble conservée.

Quant à l'Opéra, il aurait dû sévèrement conserver ses anciennes traditions et fermer ses portes aux Anglais se permettant le sans-façon d'un *smoking*, ainsi qu'aux toilettes de voyages des Anglaises ; elles

croient les dissimuler sous leurs chapeaux exhubé-
rants, mais elles se trompent. Que n'a-t-on pas dit et
écrit au sujet de ces malheureux et envahissants chapeaux au théâtre ? Pourquoi ne pas rappeler à Messieurs les Anglais qu'autant ils sont chez eux *rigorous*
et *correct*, autant ils se montrent chez nous *sen-
fichistes*, ce qui est plus que sans *decorum*. Leur
tenue à l'Opéra touche de près à l'inconvenance,
pourquoi la tolérer ?

Si, de loge en loge, les dames peuvent s'abstenir de se
rendre visite réciproquement, il n'en est pas de même
des cavaliers qui doivent offrir leurs hommages aux
dames avec lesquelles ils sont en relations d'amitié
ou de politesse et qu'ils ont reconnues dans la salle.
Exception est faite pour un cavalier étant seul dans
la loge avec des dames, car il ne peut, en aucun cas,
les abandonner ; les lois de la galanterie, de la bienséance le lui interdisent formellement. Ces mêmes
lois lui commandent de faire rendre par l'ouvreuse
de la loge les effets remis au vestiaire en arrivant et
d'indemniser cette ouvreuse.

Il est de rigueur que les dames occupent le premier rang de la loge et les cavaliers le second. Pendant les entr'actes, les cavaliers peuvent offrir aux
dames quelques bonbons, quelques rafraîchissements
apportés dans la loge. Parfois, si les dames le demandent, ils les conduisent au foyer du théâtre en leur
offrant le bras ; le foyer devient pour ainsi dire un sa-

lon de conversation dans lequel amis communs se présentent réciproquement.

A la fin de la représentation, les cavaliers accompagnent les dames jusqu'à la sortie et, s'il le faut, s'empressent de leur procurer une voiture et de les reconduire à leurs domiciles.

Des Dîners

Quelques mots seulement à ce sujet car il est presque en dehors du nôtre ; Je ne suis ni Brillat-Savarin, et moins encore le Baron Brisse. Je n'ai point à m'occuper de la façon dont on dresse un couvert. Mon rôle consiste simplement à indiquer au maître du logis et à ses convives les usages adoptés dans ces agapes. Les invitations sont envoyées huit jours à l'avance et, en cas d'impossibilité de s'y rendre, l'invité doit répondre par lettre d'excuse motivée accompagnée de remerciement.

Dans les dîners de cérémonie, ou Grands dîners, la place de chaque convive est indiquée d'avance par une carte mentionnant le nom de la personne et le menu. Les hommes sont disséminés entre les dames ; le maître de maison est placé au centre de la table et, vis-à-vis de lui, sa dame, ou la fille à défaut de la mère : à droite et à gauche des maîtres de maison sont assis les plus proches parents ou les plus intimes parmi les invités.

Avant de passer du salon dans la salle à manger, le maître de maison offre son bras droit à la dame à laquelle reviennent les honneurs et la conduit à la place d'honneur. Les autres cavaliers agissent de même en offrant le bras droit aux demoiselles et dames et ne prennent place que quand toutes sont assises. Ils consultent ensuite les cartes placées devant les couverts et indiquant les sièges; après un petit salut aux dames qu'ils ont conduites ils peuvent s'asseoir. A la fin du repas tous les cavaliers se lèvent et offrent le bras aux dames pour les ramener au salon; ils échangent quelques paroles avec elles et restent au salon afin de prendre part à la sauterie qui termine souvent le repas.

A défaut de pianiste, quelquefois une des invitées témoigne le désir de jouer au piano quelques danses: dans ce cas, le maître de maison ou un des invités offre son bras et la conduit au piano. C'est toujours la maîtresse de maison qui donne le signal du lever de table en la quittant la première; tout le monde se lève et la suit pour entrer au salon où le café est servi. Les cavaliers veillent à enlever les tasses vides des dames et les remettre dans quelque coin, meuble ou cheminée.

J'éviterai, en terminant ce chapitre, toutes les banalités dont sont comblés maints et maints manuels du savoir-vivre ; je crois inutile d'apprendre en effet de quelle main sont tenus couteaux et fourchettes et qu'on ne doit pas convertir sa serviette en tablier. Mon rôle consiste à rappeler qu'il faut se tenir en conservant au haut du corps la plus élégante distinction aussi bien assis que debout.

RÉSUMÉ SUCCINCT

DE TOUS LES CONSEILS INDISPENSABLES DANS
LES USAGES DU CODE SOCIAL

Dussé-je me voir accuser de reprendre les maximes de l'antique manuel de la *Civilité puérile* et *honnête*. Tout le monde constate trop l'indifférence actuelle en matière de tenue et d'éducation pour ne pas rappeler les maximes sur lesquelles reposent notre glorieuse réputation de Français, d'hommes de bon ton pour nous tous cavaliers, et celle d'élégance gracieuse pour les dames. Multiples sont ces maximes puisqu'il me faut les énoncer depuis l'enfance jusqu'à l'âge d'adulte et même plus loin. Certaines pourront paraître surabondantes, mais toutes sont nécessaires et, leur raison d'être venant à mon secours, je la complèterai sous tous les points de vue ; à la ville, au salon, dans la famille, dans les relations quotidiennes.

L'homme d'esprit doute de lui-même, le sot ne doute de rien.

Principe à méditer dans nos relations mondaines.

*
* *

L'homme qui s'admire dans ce qu'il dit n'est que bien rarement admiré par les autres.

Avis aux jeunes pédants au milieu d'un salon.

*
* *

Il vaut mieux mentir par politesse que de dire une vérité offensante.

Tel est le rôle d'un véritable homme de grande éducation vis-à-vis des dames.

*
* *

Dans la conversation avec les dames n'oubliez jamais que la contradiction, quelque politesse qu'on y mette, est toujours déplacée.

*
* *

Oublier toujours dans les relations ou dans les causeries les services que vous avez rendus. A ceux qui les ont reçus, seuls, de s'en souvenir.

*
* *

Dans la rue ne jamais passer devant une dame et lui céder affablement le passage le long des murs.

*
* *

En voitures publiques, rappelons toujours cet usage bienséant pratiqué seulement maintenant par les personnes âgées, usage qui consiste, si l'on est assis à l'intérieur de la voiture, de se lever et d'offrir sa place à une dame restée debout sur la plate-forme. Il devrait en être de même à l'égard des vieillards.

*
* *

Ne jamais, dehors, parler à une dame en conservant son chapeau sur la tête et ne le remettre que sur la permission donnée par la dame.

*
* *

Ne jamais fumer cigare ou cigarette quand on a une dame à son bras.

*
* *

Si, fumant un cigare, on rencontre une dame avec laquelle une conversation s'engage, il est de bon ton de le dissimuler et mieux encore le jeter à terre.

*
* *

Quand, au pied d'un escalier on rencontre une dame, faut-il la précéder ou la suivre ? Les avis sont partagés ; les uns dictés par la pruderie, les autres par la politesse. Suivant les premiers, l'homme doit, après quelques mots prévenants, prier la dame de gravir les marches avant lui ; suivant les règles de la politesse il se contente de saluer la dame et marche derrière elle. Si, le cas échéant, l'homme et la dame se connaissent, le cavalier offre son bras à la dame pour l'aider à monter jusqu'à l'étage où elle s'arrête.

*
* *

Se découvrir devant tout cortège funéraire et s'arrêter respectueusement à son passage.

*
* *

N'avoir jamais de familiarité ou paroles libres avec ses subordonnés, employés ou domestiques ; ils vous respectent d'autant plus que vous-même leur donnez l'exemple de la civilité.

**
*

Eviter dans les saluts une trop grande affectation ; vous traduiriez par là une humilité en désaccord avec votre dignité personnelle dont vous ne devez jamais vous départir.

*
* *

Avec les dames et demoiselles dépenser toujours la politesse la plus délicate et raffinée unie à la sympathie la plus respectueuse.

*
* *

Eviter entre mari et femme de se tutoyer devant des tierces personnes peu connues de vous.

*
* *

Pour les enfants il est de bon goût de ne pas tutoyer leurs parents et, moins encore, leurs grands-parents. Cette marque de respect tend à disparaître maintenant et il serait bon d'insister sérieusement sur cette sage coutume.

*
* *

En visite, au salon, à la promenade, les cavaliers ne doivent jamais tenir leurs mains dans les poches du pantalon. En causant avec une dame c'est une tenue inconvenante, de même que devant un supérieur ou un professeur.

*
* *

Avant d'entrer au salon pour une visite, les hommes laissent leurs pardessus, cannes ou parapluies dans l'antichambre ; ils conservent leur chapeau à la main tout le temps pour saluer en entrant et en se retirant ; ils éviteront de tenir leurs gants à la main au lieu d'en avoir recouvert leurs mains.

*
* *

Si, quand vous êtes en visite chez une dame, surviennent d'autres personnes, il est de bon goût de vous retirer ; toutefois, si vous connaissez les nouveaux venus, vous pouvez rester, mais vous devez quitter la maîtresse de maison avant eux.

*
* *

En montant un escalier il peut arriver que l'on rencontre une dame, on doit alors s'effacer devant elle et lui céder le côté de la rampe ; de même si la rencontre a lieu pendant que vous-même descendez cet escalier.

*
* *

Un homme du monde et de bon goût ne doit porter aucun costume habillé le matin ; et moins encore de gants clairs.

6

*
* *

Une dame de bonne condition ne sort jamais le matin en robes claires ou vêtements aux couleurs éclatantes ; les toilettes sombres et les gants foncés sont les preuves d'une bonne éducation et des sages coutumes du monde ; elle doit aussi s'abstenir de porter quelques bijoux que ce soit.

*
* *

Les jeunes filles ne doivent jamais se retourner dans la rue quand même elles auraient reconnu une personne connue d'elles.

*
* *

Au bal les jeunes filles éviteront la disgracieuse et insipide pruderie et la remplaceront par un sourire délicat, aimable et naturellement animé ; elles seront alors charmantes et traduiront leurs grâces innées et nullement contrefaites.

*
* *

Elles éviteront dans la conversation engagée au milieu des danses les terribles monosyllabes *Oui* ou *Non* — ; elles accompagneront toujours ces mots d'une phrase aussi courte que possible, mais toujours assez avenante pour ne pas désarçonner le danseur dans sa conversation.

Il me resterait encore bien des conseils usuels à énumérer, mais, outre qu'ils seraient d'une importance secondaire, ils ne pourraient plus être adressés qu'à des enfants. Je dois livrer ce soin aux parents et leur rappeler qu'en pareille matière les meilleurs conseils sont les exemples à leur donner. Nous savons tous jusqu'où peut aller le cœur d'une mère et d'un père, aussi pouvons-nous leur abandonner les soins de l'éducation de leurs filles et garçons en les suppliant de se tenir en garde contre le flot envahissant des mœurs exotiques.

Trop tôt ne les reléguez pas dans les Lycées ou Collèges et, le plus souvent, rappelez-les aux douceurs familiales du foyer paternel. Maintenez-les toujours dans la plus grande union avec vos sentiments si nobles et si pieux de père et de mère. Peut-être un peu de faiblesse est permise à l'égard des filles, mais aucune ne peut l'être vis-à-vis des garçons dont l'ave-

nir se hérisse de difficultés de jour en jour et d'années
en années. Au nombre des difficultés surgit la parfaite éducation ouvrant plus largement les portes
qu'une solide instruction.

Du bras à offrir aux dames.

Les uns donnent le gauche, les autres donnent le
droit ; ce dernier a beaucoup plus de raison d'être, et
la coutume de s'en servir remonte au temps où les
gentilshommes portaient l'épée au côté comme nos
officiers. Je suis loin de partager l'idée de la baronne
Staffe préconisant le bras gauche, et pour la réfuter, je
trouve mes arguments dans son propre texte. « Le
« cavalier offre le bras droit pour garder libre son
« bras gauche ».
Je suis d'accord avec elle jusque-là, mais je m'en
sépare quand :
« Le cavalier peut avoir à écarter la foule devant sa
« dame et le cas peut se présenter où il aurait à la
« défendre ».
En cherchant à défendre sa dame avec son bras
droit, il la laisse entièrement à découvert sur sa
gauche, à moins que, contrairement à toutes les lois

de la politesse, il vienne se placer devant elle. S'il conduit sa dame de son bras droit, il peut la préserver simplement en étendant le bras devant elle et la couvrir complètement. Qui plus est, si l'attaque est portée sur la gauche du couple, le cavalier, aisément de son bras gauche, écarte l'intrus sans pour cela quitter le bras de sa dame.

Autre preuve encore plus concluante ; consultez au musée du Louvre ou à la Bibliothèque nationale les collections d'estampes ; c'est là où j'ai puisé mes notes. En dernier ressort d'argumentation, les hommes n'ont-ils pas porté l'épée au côté, et s'ils ne la portent plus, doivent-ils pour cela oublier que le bras droit, même sans épée, doit défendre leur dame.

Age quod agis, dit un vieux dicton latin, mais agissez suivant les lois rigoureuses de l'étiquette française ; elle a été, elle est, elle restera souveraine.

Tranchons définitivement cette question sujette à tant de controverses en nous reportant aux discussions qui eurent lieu vers 1860 entre Fiorentino du *Constitutionnel*, Jacomna, le Courriériste de la *Gazette de France* et l'auteur de ce traité.

Définitivement concluons avec M. Desrat qu'il faut toujours et quand même conduire la dame par son bras droit *même étant officier*. Car, qui retiendrait la robe de la dame sous les heurts inévitables et incessants du sabre de son cavalier ?

6°

L'entrée dans le monde.

Petite chose, entend-on dire trop souvent maintenant par suite des modes cosmopolites que je ne cesserai de condamner. Grave erreur ! Elle offre, il est vrai pour les cavaliers moins de difficultés que pour les demoiselles. Les uns et les autres me représentent le premier combat, le premier assaut livré aux exigences du monde, de la société. Le cavalier trouve des armes plus faciles à manier ; à la vie de collège a succédé celle d'étudiant dans laquelle il a pu, petit à petit, connaître le monde. Pourvu qu'il soit élégant et de bonne éducation, qu'il sache saluer, causer, danser, il peut franchir l'entrée des salons avec aisance. Tant s'en faut qu'il en soit de même pour la jeune fille dont la timidité paralyse si souvent la grâce à ses débuts mondains, principalement si les parents l'ont tenue éloignée du mouvement social qui l'attend. Celle élevée dans sa famille peut encore affronter avec moins de crainte les premiers débuts ; elle a été initiée, par les réceptions, les sauteries, les bals, à tous les détails des usages du monde. Elle est, pour ainsi dire, préparée et prévenue : son éventail, sa tenue, sa conversation, la danse même ne lui sont pas d'un nouvel emploi. Elle triomphe facilement des heurts et des chocs réservés à la jeune fille qui, à peine sortie de son couvent ou de son pensionnat, est amenée dans le monde sans en avoir aucune connaissance.

L'une possède déjà l'aisance de la tenue qui amplifie la grâce naturelle et la fait valoir, tandis que l'autre n'apparaît que gênée, indifférente sous le joug d'une timidité, qui la plupart du temps est incomprise et par conséquent plaide peu en sa faveur. On en voit beaucoup victimes de reproches immérités et injustes; elles sont de charmantes victimes innocentes. Leur responsabilité est écartée et revient aux parents qui, sacrifiant trop l'instruction à l'éducation, ne les ont point préparées à ce que j'ai appelé l'assaut d'une première bataille.

Avant ces périlleux débuts, la jeune fille a toujours été regardée comme une enfant; comment veut-on que du jour au lendemain elle soit la jeune fille prête à marier, à conduire au bal, aux réceptions, aux visites ? Comment voulez-vous, parents seuls responsables de votre négligence, que votre jeune demoiselle puisse échanger agréablement et facilement son costume de pensionnaire contre les élégantes toilettes qu'elle devra porter ? Les premières robes de bal sont pour les jeunes filles des soucis autrement sérieux que notre premier habit noir.

C'est aux parents par quelques réceptions, sauteries

intimes, petits bals blancs, à initier leurs jeunes filles au mouvement mondain ; c'est à eux, en un mot, à leur préparer leur *entrée dans le monde*.

Bien d'autres conseils pourraient être ajoutés sans paraître superflus pour arriver à la solution du problème : l'art de savoir vivre dans la société. Les meilleurs maîtres à suivre sont l'expérience et l'usage ; à tous ceux qui les possèdent de les enseigner et de ne pas céder au maudit qu'en dira-t-on de la *mode* quand elle est malséante. A nous tous de conserver intactes les traditions de nos ancêtres qui toujours ont refoulé et repoussé le cosmopolitisme. Ils ont fièrement porté partout le glorieux étendard de notre élégance, de notre courtoisie, de notre distinction, suivons-les, serrons nos rangs et défendons vaillamment, contre l'étranger, l'honneur de notre vieille éducation française.

TABLE DES MATIÈRES

LE BAILLY, Éditeur, O. BORNEMANN, Successeur
PARIS, 15, Rue de Tournon.

LEMERCIER DE NEUVILLE

Œuvres théâtrales

THÉATRE DE GUIGNOL

L'auteur des Pupazzi, Lemercier de Neuville, sollicité par nous, a bien voulu nous faire un nouveau Théâtre de Guignol, pour remplacer l'ancien qui devenait par trop usé. Ce qu'il a cherché avant tout c'est le comique sans grossièreté et aussi la facilité d'interprétation. On le sait, nul n'est plus compétent que lui dans le maniement de ces petits personnages, aussi ses pièces, très variées, très bouffonnes et en même temps littéraires sont-elles faciles à jouer. Du reste, il n'a pas ménagé les explications, et le premier volume est-il précédé d'une notice où l'art du Guignol est entièrement démontré.

2 Volumes in-18 Jésus à 3 francs chaque

THÉATRE SANS PRÉTENTION

Voici ce qu'en dit M. A. Claveau, critique dramatique du Soleil:

« Homme de lettres et homme de théâtre, M. Lemercier de Neuville présente cette particularité originale qu'il a plutôt côtoyé qu'abordé franchement la scène et le livre. Il a publié plusieurs ouvrages, il a fait jouer plusieurs pièces; mais on dirait que sa modestie se réserve pour l'intimité, et l'on croit deviner en lui un de ces délicats qui aiment la littérature à huis-clos et la causerie littéraire, entr'amis, plus encore que la littérature elle-même. »

Les cinq pièces de ce théâtre sans prétention, quoique destinées primitivement au théâtre, seront tout à fait dans leur cadre dans un salon.

Un volume in-18 Jésus 3 fr. 50